HNK
한중상용한자능력시험

신나는 한자

3 ᴵᴵ급

(사)한중문자교류협회 연구소 편저

다락원

중국교육부 국가한판

HNK
한중상용한자능력시험
공식교재

사단법인 한중문자교류협회 연구소는
한자와 중국어 교육의 효율성과 실용성을 높이는
교수·학습법 및 평가 방법을 연찬하고 선도합니다.

연구소장 황미라
연구위원 김순금 진효혜 황덕은 여연임
        최유정 김순희 김종선 이정오

신나는 한자 3II급

지은이 (사)한중문자교류협회 연구소
펴낸이 정규도
펴낸곳 (주)다락원

초판 1쇄 인쇄 2019년 5월 1일
초판 1쇄 발행 2019년 5월 10일

총괄편집 이후춘
책임편집 김민지

디자인 정현석, 김희정

다락원 경기도 파주시 문발로 211
내용 및 구입문의: (02)736-2031 내선 297
Fax: (02)732-2037
출판등록 1977년 9월 16일 제406-2008-000007호

정가 **15,000원**

ISBN 978-89-277-7108-1 13720

홈페이지 및 문의처
시험 접수: **www.hnktest.com** (02)736-2031(내선 295, 297, 290~293)
장학 연수: **www.hskhnk.com** 1577-9645

우리는 한자 공부를 왜 하는 것일까요?

한자를 학습하는 것은
첫째, 우리말의 뜻을 제대로 알기 위함입니다.
한자를 제대로 학습하면 학년이 올라갈수록 어려워지는 학습용어를 쉽게 이해할 수 있게 되므로 공부에 흥미가 더해질 것입니다.

둘째, 중국어 학습의 기본을 다지기 위함입니다.
한글을 받아쓰고, 영어의 알파벳을 익혔듯, 한자를 익히는 것도 중국어를 공부하는 데 있어 기본적으로 필요한 과정입니다. 그런데 중국에서는 우리나라에서 쓰는 한자와는 다른 낯선 글자인 간체자를 씁니다. 따라서 한국 한자는 물론 간체자를 익히는 것도 중요합니다.

여러분!
자! 지금부터
한자 공부 제대로 해서
중국에서 공인한 한자시험인 '한자능력고시(汉字能力考试)'에 도전해 봅시다!

〈이 책을 통해〉

하나, 각 급별 한중상용한자의 훈과 음을 밝히고, 번체자와 간체자까지 함께 익힐 수 있습니다.
둘, 단계별 학업 성취를 느끼며 반복 학습할 수 있습니다.
셋, 한자의 기본 실력뿐 아니라 중국어 어휘의 기초를 다질 수 있습니다.
넷, 다양한 예문을 통해 한국사·과학·사회 등 교과 학습용어의 이해를 높일 수 있습니다.
다섯, 모의고사를 통해 국제공인 한자자격증의 취득을 준비할 수 있습니다.

사단법인 한중문자교류협회 연구소

>>> 이런 내용이 들어있어요!

부록

HNK 3II급 시험 대비 모의고사

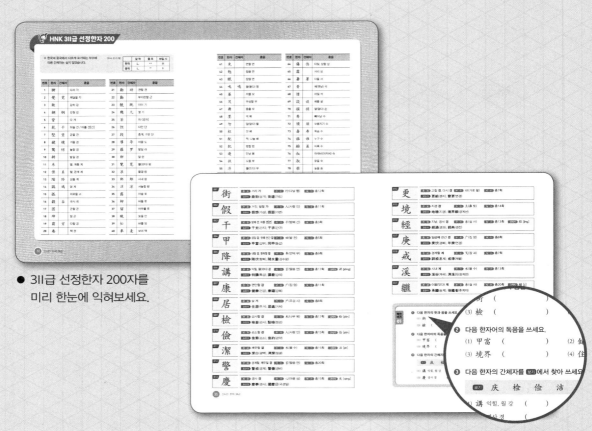

● 3II급 선정한자 200자를
미리 한눈에 익혀보세요.

● 4급 선정한자 200자를 다시
한번 복습해보고 확인하기를
통해 실력을 점검해 보세요.

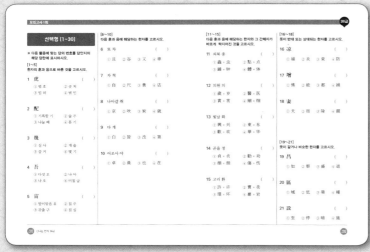

● HNK 3II급 시험대비 모의고사를 풀어보고 합격에 도전하세요.

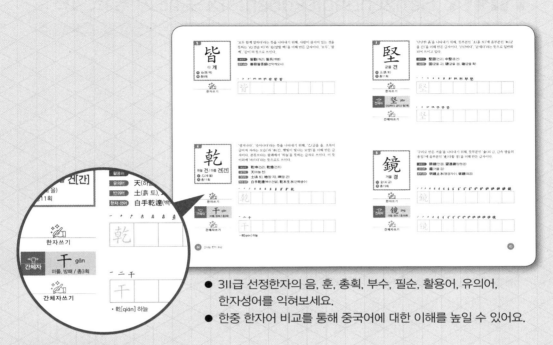

● 3II급 선정한자의 음, 훈, 총획, 부수, 필순, 활용어, 유의어,
　한자성어를 익혀보세요.
● 한중 한자어 비교를 통해 중국어에 대한 이해를 높일 수 있어요.

● 3II급 선정한자의
　간체자도 따라 써 보세요.

● 8급부터 3II급까지의 배정한자 1050자 모아보기
● 활용어 낱말사전으로 한자 활용능력 높이기
● 유의어와 반의어로 한자 이해도 높이기
● 한자성어로 한자어 어휘력 확장하기
● 간체자 및 HSK어휘 등으로 중국어 기초 다지기

HNK Hànzì nénglì kǎoshì 汉字能力考试이란?

중국교육부 국가한판(国家汉办, HANBAN)에서 공인한 글로벌 한자능력시험입니다.

1. HNK의 특징

한자의 이해와 활용도가 높은 한자시험
- 교과서에 나오는 주요개념과 용어를 정확하게 이해하고 활용하게 합니다.
  따라서 표현력과 사고력, 논리력은 물론 학과 성적도 쑥쑥 올라가게 합니다.

중국어 공부가 훨씬 쉬워지는 한자시험
- 간체자 동시학습으로 중국어 능력을 향상시킵니다.
  중국 상품 설명서나 중국어 어휘와 문장의 뜻을 해독할 수 있는 능력이 길러집니다.

2. HNK의 혜택

성적 우수자 및 지도교사 중국 국비 장학 연수
- 혜택 : 중국內 체류비용 (학비, 기숙사비, 문화탐방비) 지원
- 기간 : 하계/동계 방학 중 1주~2주 이내
- 장소 : 북경어언대학, 하문대학, 남개대학, 귀주대학 外
- 대상 : 초등학생~성인

3. HNK의 활용

한국 소재 대학(원) 및 특목고 입학 자료
중국 정부장학생 선발 기준
공자아카데미 장학생 선발 기준
중국 대학(원) 입학 시 추천 자료
각급 업체 및 기관의 채용 · 승진 평가 자료

4. HNK 자격증 견본

HNK 한중상용한자능력시험 안내

한중상용한자는 간체자를 포함한 한국과 중국에서 일상적으로 사용하는 한자를 뜻하며, 세계 표준 한자의 이해를 지향하는 학습용어입니다.

1. 검정과목

• 8급에서 1급까지 총 11개 급수, 본회 선정 급수별 한중상용한자에 대한 능력검정시험입니다.

2. 배정한자 수 및 응시료

급수	8급	7급	6급	5Ⅱ급	5급	4Ⅱ급	4급	3Ⅱ급	3급	2급	1급
배정한자	50 (2)	100 (6)	200 (30)	300 (57)	450 (105)	650 (197)	850 (272)	1,050 (353)	1,870 (738)	2,670 (1,000)	3,800 (1,428)
응시료	20,000원		22,000원			24,000원			35,000원	45,000원	55,000원

※배정한자의 ( )는 간체자 수를 표기한 것임.
※상위 등급 배정한자는 하위 등급 선정한자를 모두 포함함.

3. 출제문항 수 및 합격기준

급수	8급	7급	6급	5Ⅱ급	5급	4Ⅱ급	4급	3Ⅱ급	3급	2급	1급
출제문항 수	40	50	80	100	100	100	100	100	150	150	180
합격문항 수	28	35	56	70					105		144
시험시간(분)	40(분)			60(분)					90(분)		100(분)

4. 출제유형

출제영역 \ 급수(문항수)	8급 (40)	7급 (50)	6급 (80)	5Ⅱ급 (100)	5급 (100)	4Ⅱ급 (100)	4급 (100)	3Ⅱ급 (100)	3급 (150)	2급 (150)	1급 (180)
1. 한중상용한자 훈과 음	13	15	20	30	30	30	30	30	30	30	20
2. 한중상용한자어 독음	15	20	20	30	30	30	30	30	35	35	25
3. 한중상용한자(어)의 뜻풀이	5	8	9	9	9	9	9	9	15	15	15
4. 반의자(어)	2	2	3	3	3	3	3	3	5	5	5
5. 유의자(어)			3	3	3	3	3	3	5	5	5
6. 한자성어(고사성어)			3	3	3	3	3	3	5	5	5
7. 훈과 음에 맞는 간체자·번체자			5	5	5	5	5	5			
8. 부수			2	2	2	2	2	2			
9. 번체자를 간체자로 바꿔 쓰기			5	5	5	5	5	5	15	15	20
10. 간체자를 번체자로 바꿔 쓰기			5	5	5	5	5	5	15	15	20
11. 한중상용한자(어) 쓰기			5	5	5	5	5	5	10	10	40
12. 그림보고 한자 유추하기	5	5									
13. 한자어 같은 뜻, 다른 표현 (동음이의어, 이음동의어)									10	10	10
14. 국제시사용어/외래어 표현									5	5	10
15. 한중상용한자어 활용											5

※한중상용한자 쓰기는 급수별 배정한자를 반영, 6급부터 다루고 있습니다.
※4급 배정한자에는 한·중·일 공용한자(808자)가 모두 포함되어 있습니다.
※HNK는 '한자능력시험'이므로 중국어 발음은 출제 범위에 포함되지 않습니다.

5. 응시원서 접수 방법

- **인터넷 접수:** 홈페이지 www.hnktest.com 접속 ➡ 회원가입(로그인) ➡ 회차 선택 ➡ 급수선택
  개인정보 입력 및 사진 업로드 ➡ 고사장 선택 ➡ 응시료 결제 및 수험표 출력
- **방 문 접 수:** 각 지역본부 및 지사, 접수처 (증명사진 2매, 응시생 인적사항, 응시료 준비)
  응시원서는 홈페이지에서 다운로드 가능하며, 접수처에서 배부합니다.

사진규격 및 규정

- 인터넷 접수 시 jpg파일만 가능
  파일 크기– 50KB 이상 100KB 이하(100KB를 초과할 경우 업로드가 안됨)
  jpg파일 사이즈– 3×4cm(177×236픽셀)/스캔해상도 : 150dpi
- 사진은 최근 6개월 이내 촬영한 상반신 정면 컬러사진으로 접수
- 일반 스냅 사진, 핸드폰 및 디지털 카메라로 찍은 셀프사진, 측면 사진, 배경이 있는 사진,
  모자착용 및 규격사이즈 미달 사진은 불가

시험 당일 준비사항

- 수험표, 신분증(주민등록증, 청소년증, 학생증, 여권 중 택1)
- 필기도구 – 검정 펜, 수정 테이프, 2B 연필 등

응시자가 지켜야 할 사항

- 시험시작 10분 전까지 입실해야 합니다.
- 시험 중간 휴식 시간은 없으며, 시험 중 퇴실할 수 없습니다.
  만일 특별한 사유로 중도 퇴실을 원할 경우, 반드시 감독관의 동의를 얻어야 합니다.
- 시험규정과 고사장 수칙을 반드시 준수해야 하며, 위반 시 부정행위처리, 자격제한 등의 처벌
  을 받을 수 있습니다.
- 시험과 무관한 물건은 시험 시 휴대할 수 없습니다. 휴대폰, 전자사전 등은 전원을 끄고 배터
  리를 분리하여 지정된 장소에 옮겨 놓습니다. 만일 시험과 무관한 물품을 소지하여 발각될 경
  우 즉시 부정행위자로 처리됩니다.

합격 조회

- 시험일로부터 1개월 후 www.hnktest.com에서 조회 가능합니다.
- 문의 : 02-736-2031(내선 297)
  직통 070-4707-6915

>>> 나라마다 모양이 다른 한자 번체자와 간체자

한 가지의 일로 두 가지의 이익을 보는 것을 '일거양득'이라고 합니다.

일거양득을 한자로 쓸 때,

한국에서는 一擧兩得, 중국에서는 一举两得으로 쓰지요.
　　　　　일　거　양　득

이처럼 한자에는 같은 뜻을 나타내지만 나라마다 모양이 조금씩 다른 것이 있어요.

지금, 중국에서는 옛날부터 사용해온 복잡하고 번거로운 한자인 번체자를 대신하여 글자의 획을 간단하게 줄여서 쓴 간체자를 사용하고 있답니다.

우리도 이제, 한자를 공부할 때 이렇게 모양이 다른 간체자까지 함께 배우면 어렵고 멀게만 느껴지던 중국어가 쉬워지겠지요.

이것이 바로, 도랑 치고 가재잡고, 일석이조, 일거양득이지요.

그럼, 번체자와 간체자가 어떻게 다른지 살펴볼까요?

	한(하나) 일	들(들다) 거	두(둘) 량	얻을(얻다) 득
한국식 한자 (번체자)	一	擧	兩	得
중국식 한자 (간체자)	一	举	两	得
일본식 한자 (약자)	一	挙	両	得

HNK 3II급

汉字能力考试

HNK 3II급

선정한자 200

※ 한국과 중국에서 다르게 표기되는 부수에
따른 간체자는 실지 않았습니다.

〈부수 표기 예〉

	갈 착	풀 초	보일 시
한국	⻌	⺿	示
중국	⻌	⺾	礻

번호	한자	간체자	훈음	번호	한자	간체자	훈음
1	脚		다리 각	21	勸	劝	권할 권
2	覺	觉	깨달을 각	22	勤		부지런할 근
3	敢		감히 감	23	旣	既	이미 기
4	鋼	钢	강철 강	24	幾	几	몇 기
5	皆		다 개	25	茶		차 다[차]
6	乾	干	하늘 건 / 마를 건[간]	26	但		다만 단
7	堅	坚	굳을 견	27	段		층계, 구분 단
8	鏡	镜	거울 경	28	導	导	이끌 도
9	驚	惊	놀랄 경	29	羅	罗	벌일 라
10	耕		밭갈 경	30	卵		알 란
11	系		맬, 계통 계	31	覽	览	볼(보다) 람
12	係	系	맬, 관계 계	32	浪		물결 랑
13	階	阶	섬돌 계	33	郎	郎	사내 랑
14	鷄	鸡	닭 계	34	涼	凉	서늘할 량
15	孤		외로울 고	35	露		이슬 로
16	穀	谷	곡식 곡	36	柳		버들 류
17	困		곤할 곤	37	留		머무를 류
18	坤		땅 곤	38	晩		늦을 만
19	窮	穷	다할 궁	39	忙		바쁠 망
20	卷		책 권	40	麥	麦	보리 맥

번호	한자	간체자	훈음
41	免		면할 면
42	勉		힘쓸 면
43	眠		잠잘 면
44	鳴	鸣	울(울다) 명
45	暮		저물 모
46	茂		무성할 무
47	舞		춤출 무
48	墨		먹 묵
49	勿		말(말다) 물
50	杯		잔 배
51	配		짝, 나눌 배
52	犯		범할 범
53	逢		만날 봉
54	扶		도울 부
55	浮		뜰(뜨다) 부
56	副		버금, 다음 부
57	朋		벗 붕
58	秘	秘	숨길 비
59	私		사사(개인) 사
60	射		쏠(쏘다) 사
61	尙		오히려, 높을 상
62	喪	丧	잃을, 죽을 상
63	象		코끼리, 본뜰 상

번호	한자	간체자	훈음
64	傷	伤	다칠, 상할 상
65	霜		서리 상
66	暑	署	더울 서
67	昔		예(옛날) 석
68	惜		아낄 석
69	設	设	베풀 설
70	損	损	덜(덜다) 손
71	秀		빼어날 수
72	須	须	모름지기 수
73	壽	寿	목숨 수
74	誰	谁	누구 수
75	雖	虽	비록 수
76	叔		아재비(아저씨) 숙
77	淑		맑을 숙
78	崇		높을 숭
79	乘		탈(타다) 승
80	施		베풀 시
81	深		깊을 심
82	顔	颜	얼굴 안
83	巖	岩	바위 암
84	仰		우러를 앙
85	哀		슬플 애
86	也		어조사 야

번호	한자	간체자	훈음
87	揚	扬	날릴, 오를 양
88	讓	让	사양할 양
89	於	于	어조사 어
90	憶	忆	생각할 억
91	嚴	严	엄할 엄
92	汝		너 여
93	余		나 여
94	亦		또 역
95	域		지경 역
96	易		바꿀 역, 쉬울 이
97	硯	砚	벼루 연
98	悅		기쁠 열
99	炎		불꽃, 불탈 염
100	迎		맞을 영
101	吾		나 오
102	悟		깨달을 오
103	烏	乌	까마귀 오
104	瓦		기와 와
105	臥	卧	누울 와
106	曰		말할, 가로 왈
107	欲		하고자할 욕
108	于		어조사 우
109	尤		더욱 우

번호	한자	간체자	훈음
110	宇		집 우
111	憂	忧	근심 우
112	云		이를, 말할 운
113	怨		원망할 원
114	威		위엄 위
115	幼		어릴 유
116	柔		부드러울 유
117	唯		오직 유
118	猶	犹	같을, 오히려 유
119	遊	游	놀(놀다) 유
120	儒		선비 유
121	吟		읊을 읍
122	泣		울(울다) 읍
123	議	议	의논할 의
124	已		이미 이
125	而		말 이을 이
126	忍		참을 인
127	慈		사랑 자
128	腸	肠	창자 장
129	哉		어조사 재
130	栽		심을 재
131	著	著	드러날 저
132	積	积	쌓을 적

번호	한자	간체자	훈음	번호	한자	간체자	훈음
133	錢	钱	돈 전	156	借		빌릴 차
134	轉	转	구를 전	157	昌		창성할 창
135	貞	贞	곧을 정	158	採	采	캘(캐다) 채
136	淨	净	깨끗할 정	159	菜		나물 채
137	頂	顶	정수리, 꼭대기 정	160	妻		아내 처
138	靜	静	고요할 정	161	尺		자 척
139	帝		임금 제	162	泉		샘 천
140	諸	诸	모두 제	163	淺	浅	얕을 천
141	從	从	좇을 종	164	晴	晴	갤(개다) 청
142	鐘	钟	쇠북 종	165	招		부를 초
143	宙		집 주	166	總	总	다, 거느릴 총
144	酒		술 주	167	追		쫓을, 따를 추
145	準	准	준할, 법도 준	168	推		밀, 옮을 추[퇴]
146	卽	即	곧 즉	169	吹		불(불다) 취
147	曾		일찍 증	170	就		이룰, 나아갈 취
148	證	证	증거 증	171	層	层	층 층
149	只		다만 지	172	泰		클(크다), 넉넉할 태
150	枝		가지 지	173	痛		아플 통
151	智		슬기(지혜) 지	174	投		던질 투
152	盡	尽	다할 진	175	篇		책 편
153	執	执	잡을 집	176	胞		세포 포
154	且		또 차	177	楓	枫	단풍 풍
155	此		이(이곳) 차	178	豊	丰	풍년 풍

번호	한자	간체자	훈음
179	皮		가죽 피
180	彼		저(저곳) 피
181	疲		지칠 피
182	匹		짝 필
183	何		어찌 하
184	賀	贺	하례할 하
185	恨		한 한
186	閑	闲	한가할 한
187	恒		항상 항
188	革		가죽, 바꿀 혁
189	刑		형벌 형

번호	한자	간체자	훈음
190	乎		어조사 호
191	虎		범 호
192	婚		혼인할 혼
193	混		섞을 혼
194	紅	红	붉을 홍
195	環	环	고리 환
196	歡	欢	기쁠 환
197	皇		임금 황
198	厚		두터울 후
199	胸		가슴 흉
200	喜		기쁠 희

UNIT 00

- **4급 선정한자 200**
- **확인하기**

| 001 街 | 훈음 거리 **가** | 부수 行(다닐 행) | 획수 총12획 |
| | 활용어 **商街**(상가), **街道**(가도) | | |

| 002 假 | 훈음 거짓, 빌릴 **가** | 부수 人(사람 인) | 획수 총11획 |
| | 활용어 **假想**(가상), **假面**(가면) | | |

| 003 干 | 훈음 방패 **간**, 마를 **간**[건] | 부수 干(방패 간) | 획수 총3획 |
| | 활용어 **干支**(간지), **干求**(간구) | | |

| 004 甲 | 훈음 껍질 **갑**, 첫째 천간 **갑** | 부수 田(밭 전) | 획수 총5획 |
| | 활용어 **甲富**(갑부), **同甲**(동갑) | | |

| 005 降 | 훈음 내릴 **강**, 항복할 **항** | 부수 阜(언덕 부) | 획수 총9획 |
| | 활용어 **降伏**(항복), **降水量**(강수량) | | |

| 006 講 | 훈음 익힐, 욀(외다) **강** | 부수 言(말씀 언) | 획수 총17획 | 간체자 讲 [jiǎng] |
| | 활용어 **特講**(특강), **講義**(강의) | | | |

| 007 康 | 훈음 편안할 **강** | 부수 广(집 엄) | 획수 총11획 |
| | 활용어 **健康**(건강), **康福**(강복) | | |

| 008 居 | 훈음 살 **거** | 부수 尸(주검 시) | 획수 총8획 |
| | 활용어 **住居**(주거), **居處**(거처) | | |

| 009 檢 | 훈음 검사할 **검** | 부수 木(나무 목) | 획수 총17획 | 간체자 检 [jiǎn] |
| | 활용어 **檢查**(검사), **點檢**(점검) | | | |

| 010 儉 | 훈음 검소할 **검** | 부수 人(사람 인) | 획수 총15획 | 간체자 俭 [jiǎn] |
| | 활용어 **儉素**(검소), **儉約**(검약) | | | |

| 011 潔 | 훈음 깨끗할 **결** | 부수 水(물 수) | 획수 총15획 | 간체자 洁 [jié] |
| | 활용어 **潔白**(결백), **淸潔**(청결) | | | |

| 012 警 | 훈음 경계할, 깨우칠 **경** | 부수 言(말씀 언) | 획수 총20획 |
| | 활용어 **警戒**(경계), **警備**(경비) | | |

| 013 慶 | 훈음 경사 **경** | 부수 心(마음 심) | 획수 총15획 | 간체자 庆 [qìng] |
| | 활용어 **慶事**(경사), **國慶日**(국경일) | | | |

| 014 | 更 | 훈 음 고칠 **경**, 다시 **갱** | 부 수 曰(가로 왈) | 획 수 총7획 |

활용어 **更紙**(갱지), **變更**(변경)

| 015 | 境 | 훈 음 지경 **경** | 부 수 土(흙 토) | 획 수 총14획 |

활용어 **地境**(지경), **境界線**(경계선)

| 016 | 經 | 훈 음 지날, 경서 **경** | 부 수 糸(실 사) | 획 수 총13획 | 간체자 经 [jīng] |

활용어 **經過**(경과), **經典**(경전)

| 017 | 庚 | 훈 음 일곱째 천간 **경** | 부 수 广(집 엄) | 획 수 총8획 |

활용어 **庚伏**(경복), **年庚**(연경)

| 018 | 戒 | 훈 음 경계할 **계** | 부 수 戈(창 과) | 획 수 총7획 |

활용어 **訓戒**(훈계), **戒律**(계율)

| 019 | 溪 | 훈 음 시내 **계** | 부 수 水(물 수) | 획 수 총13획 |

활용어 **溪谷**(계곡), **淸溪川**(청계천)

| 020 | 繼 | 훈 음 이을(잇다) **계** | 부 수 糸(실 사) | 획 수 총20획 | 간체자 继 [jì] |

활용어 **承繼**(승계), **後繼者**(후계자)

확인하기 01

❶ 다음 한자의 뜻과 음을 쓰세요.

(1) 街 (　　　　　)　　(2) 降 (　　　　　)

(3) 檢 (　　　　　)　　(4) 更 (　　　　　)

❷ 다음 한자어의 독음을 쓰세요.

(1) 甲富 (　　　　　)　　(2) 健康 (　　　　　)

(3) 境界 (　　　　　)　　(4) 住居 (　　　　　)

❸ 다음 한자의 간체자를 보기에서 찾아 쓰세요.

| 보기 | 庆　检　俭　洁　讲　经 |

(1) 講 익힐, 욀 강 (　　)　　(2) 潔 깨끗할 결 (　　)

(3) 慶 경사 경 (　　)　　(4) 經 지날, 경서 경 (　　)

| 021 癸 | 훈 음 열째 천간 **계** | 부 수 癶(걸을 발) | 획 수 총9획 |
| | 활용어 **癸丑日記**(계축일기) | | |

| 022 庫 | 훈 음 곳집 **고** | 부 수 广(집 엄) | 획 수 총10획 | 간체자 库 [kù] |
| | 활용어 **出庫**(출고), **國庫**(국고) | | | |

| 023 谷 | 훈 음 골(골짜기) **곡** | 부 수 谷(골 곡) | 획 수 총7획 |
| | 활용어 **合谷**(합곡), **谷風**(곡풍) | | |

| 024 官 | 훈 음 벼슬 **관** | 부 수 宀(집 면) | 획 수 총8획 |
| | 활용어 **官職**(관직), **長官**(장관) | | |

| 025 究 | 훈 음 궁구할(연구할) **구** | 부 수 穴(구멍 혈) | 획 수 총7획 |
| | 활용어 **究明**(구명), **講究**(강구) | | |

| 026 句 | 훈 음 글귀 **구** | 부 수 口(입 구) | 획 수 총5획 |
| | 활용어 **文句**(문구), **句節**(구절) | | |

| 027 群 | 훈 음 무리 **군** | 부 수 羊(양 양) | 획 수 총13획 |
| | 활용어 **群落**(군락), **群衆**(군중) | | |

| 028 權 | 훈 음 권세 **권** | 부 수 木(나무 목) | 획 수 총22획 | 간체자 权 [quán] |
| | 활용어 **權勢**(권세), **人權**(인권) | | | |

| 029 歸 | 훈 음 돌아갈 **귀** | 부 수 止(그칠 지) | 획 수 총18획 | 간체자 归 [guī] |
| | 활용어 **歸國**(귀국), **復歸**(복귀) | | | |

| 030 均 | 훈 음 고를(평평하다) **균** | 부 수 土(흙 토) | 획 수 총7획 |
| | 활용어 **均等**(균등), **平均**(평균) | | |

| 031 禁 | 훈 음 금할 **금** | 부 수 示(보일 시) | 획 수 총13획 |
| | 활용어 **禁止**(금지), **監禁**(감금) | | |

| 032 其 | 훈 음 그 **기** | 부 수 八(여덟 팔) | 획 수 총8획 |
| | 활용어 **各其**(각기), **其他**(기타) | | |

| 033 起 | 훈 음 일어날 **기** | 부 수 走(달릴 주) | 획 수 총10획 |
| | 활용어 **起源**(기원), **起立**(기립) | | |

| 034 | 暖 | 훈음 따뜻할 난 | 부수 日(날 일) | 획수 총13획 |
| | | 활용어 暖流(난류), 溫暖(온난) | | |

| 035 | 難 | 훈음 어려울 난 | 부수 隹(새 추) | 획수 총19획 | 간체자 难 [nán, nàn] |
| | | 활용어 苦難(고난), 難局(난국) | | |

| 036 | 納 | 훈음 들일 납 | 부수 糸(실 사) | 획수 총10획 | 간체자 纳 [nà] |
| | | 활용어 完納(완납), 納品(납품) | | |

| 037 | 乃 | 훈음 이에, 곧 내 | 부수 丿(삐침 별) | 획수 총2획 |
| | | 활용어 終乃(종내), 乃至(내지) | | |

| 038 | 怒 | 훈음 성낼 노 | 부수 心(마음 심) | 획수 총9획 |
| | | 활용어 怒氣(노기), 怒發大發(노발대발) | | |

| 039 | 努 | 훈음 힘쓸 노 | 부수 力(힘 력) | 획수 총7획 |
| | | 활용어 努力(노력) | | |

| 040 | 斷 | 훈음 끊을 단 | 부수 斤(도끼 근) | 획수 총18획 | 간체자 断 [duàn] |
| | | 활용어 斷念(단념), 決斷(결단) | | |

확인하기 02

❶ 다음 한자의 뜻과 음을 쓰세요.

(1) 庫 (   )   (2) 怒 (   )

(3) 官 (   )   (4) 暖 (   )

❷ 다음 한자어의 독음을 쓰세요.

(1) 完納 (   )   (2) 禁止 (   )

(3) 文句 (   )   (4) 群衆 (   )

❸ 다음 한자의 간체자를 보기에서 찾아 쓰세요.

보기	归 库 权 纳 继 难

(1) 庫 곳집 고   (   )   (2) 權 권세 권   (   )

(3) 歸 돌아갈 귀   (   )   (4) 難 어려울 난   (   )

041	壇	**훈 음** 단, 제단 **단**	**부 수** 土(흙 토)	**획 수** 총16획	**간체자** 坛 [tán]
		활용어 花壇(화단), 壇上(단상)			

042	端	**훈 음** 바를, 끝 **단**	**부 수** 立(설 립)	**획 수** 총14획	
		활용어 極端(극단), 發端(발단)			

043	單	**훈 음** 홑 단, 나라이름 **선**	**부 수** 口(입 구)	**획 수** 총12획	
		활용어 單純(단순), 單價(단가)		**간체자** 单 [dān, shàn, chán]	

044	達	**훈 음** 통달할, 이를 **달**	**부 수** 辶(쉬엄쉬엄 갈 착)	**획 수** 총13획	**간체자** 达 [dá]
		활용어 通達(통달), 傳達(전달)			

045	隊	**훈 음** 무리 **대**	**부 수** 阜(언덕 부)	**획 수** 총12획	**간체자** 队 [duì]
		활용어 部隊(부대), 隊列(대열)			

046	徒	**훈 음** 무리 **도**	**부 수** 彳(조금 걸을 척)	**획 수** 총10획	
		활용어 徒步(도보), 信徒(신도)			

047	得	**훈 음** 얻을 **득**	**부 수** 彳(조금 걸을 척)	**획 수** 총11획	
		활용어 得失(득실), 納得(납득)			

048	燈	**훈 음** 등잔 **등**	**부 수** 火(불 화)	**획 수** 총16획	**간체자** 灯 [dēng]
		활용어 消燈(소등), 信號燈(신호등)			

049	略	**훈 음** 간략할, 꾀 **략**	**부 수** 田(밭 전)	**획 수** 총11획	
		활용어 略圖(약도), 省略(생략)			

050	連	**훈 음** 잇달을 **련**	**부 수** 辶(쉬엄쉬엄 갈 착)	**획 수** 총11획	**간체자** 连 [lián]
		활용어 連結(연결), 一連(일련)			

051	列	**훈 음** 벌일 **렬**	**부 수** 刀(칼 도)	**획 수** 총6획	
		활용어 列擧(열거), 序列(서열)			

052	烈	**훈 음** 매울, 세찰 **렬**	**부 수** 火(불 화)	**획 수** 총10획	
		활용어 熱烈(열렬), 強烈(강렬)			

053	錄	**훈 음** 기록할 **록**	**부 수** 金(쇠 금)	**획 수** 총16획	**간체자** 录 [lù]
		활용어 登錄(등록), 記錄(기록)			

054	論	훈 음 논할 **론**	부 수 言(말씀 언)	획 수 총15획	간체자 论 [lùn]
		활용어 **言論**(언론), **論難**(논란)			

055	倫	훈 음 인륜 **륜**	부 수 人(사람 인)	획 수 총10획	간체자 伦 [lún]
		활용어 **人倫**(인륜), **倫理**(윤리)			

056	莫	훈 음 없을 **막**	부 수 艸(풀 초)	획 수 총11획	
		활용어 **莫論**(막론), **莫重**(막중)			

057	滿	훈 음 찰(가득 차다) **만**	부 수 水(물 수)	획 수 총14획	간체자 满 [mǎn]
		활용어 **滿點**(만점), **充滿**(충만)			

058	忘	훈 음 잊을 **망**	부 수 心(마음 심)	획 수 총7획	
		활용어 **健忘**(건망), **備忘錄**(비망록)			

059	牧	훈 음 칠 **목**	부 수 牛(소 우)	획 수 총8획	
		활용어 **放牧**(방목), **牧場**(목장)			

060	妙	훈 음 묘할 **묘**	부 수 女(계집 녀)	획 수 총7획	
		활용어 **妙技**(묘기), **妙案**(묘안)			

확인
하기
03

❶ 다음 한자의 뜻과 음을 쓰세요.

(1) 單 (   )   (2) 徒 (   )

(3) 列 (   )   (4) 論 (   )

❷ 다음 한자어의 독음을 쓰세요.

(1) 莫論 (   )   (2) 得失 (   )

(3) 滿點 (   )   (4) 序列 (   )

❸ 다음 한자의 간체자를 보기에서 찾아 쓰세요.

보기	录 达 队 坛 灯 论

(1) 壇 단, 제단 단 (   )   (2) 達 통달할 달 (   )

(3) 隊 무리 대 (   )   (4) 錄 기록할 록 (   )

| 061 | 卯 | **훈 음** 토끼(넷째 지지) **묘** | **부 수** 卩(병부 절) | **획 수** 총5획 |
| | | **활용어** 丁卯(정묘), 卯年(묘년) | | |

| 062 | 戊 | **훈 음** 다섯째 천간 **무** | **부 수** 戈(창 과) | **획 수** 총5획 |
| | | **활용어** 戊午(무오), 戊戌(무술) | | |

| 063 | 務 | **훈 음** 힘쓸 **무** | **부 수** 力(힘 력) | **획 수** 총11획 | **간체자** 务 [wù] |
| | | **활용어** 業務(업무), 公務員(공무원) | | | |

| 064 | 密 | **훈 음** 빽빽할 **밀** | **부 수** 宀(집 면) | **획 수** 총11획 |
| | | **활용어** 密集(밀집), 精密(정밀) | | |

| 065 | 飯 | **훈 음** 밥 **반** | **부 수** 食(먹을 식) | **획 수** 총13획 | **간체자** 饭 [fàn] |
| | | **활용어** 白飯(백반), 朝飯(조반) | | | |

| 066 | 防 | **훈 음** 막을 **방** | **부 수** 阜(언덕 부) | **획 수** 총7획 |
| | | **활용어** 攻防(공방), 防止(방지) | | |

| 067 | 房 | **훈 음** 방 **방** | **부 수** 戶(지게문 호) | **획 수** 총8획 | **간체자** 房 [fáng] |
| | | **활용어** 房門(방문), 暖房(난방) | | | |

| 068 | 訪 | **훈 음** 찾을 **방** | **부 수** 言(말씀 언) | **획 수** 총11획 | **간체자** 访 [fǎng] |
| | | **활용어** 訪問(방문), 探訪(탐방) | | | |

| 069 | 背 | **훈 음** 등 **배** | **부 수** 肉(고기 육) | **획 수** 총9획 |
| | | **활용어** 背景(배경), 背後(배후) | | |

| 070 | 罰 | **훈 음** 벌할 **벌** | **부 수** 网(그물 망) | **획 수** 총14획 | **간체자** 罚 [fá] |
| | | **활용어** 罰則(벌칙), 處罰(처벌) | | | |

| 071 | 丙 | **훈 음** 셋째 천간 **병** | **부 수** 一(한 일) | **획 수** 총5획 |
| | | **활용어** 丙子(병자)호란, 丙寅(병인)양요 | | |

| 072 | 寶 | **훈 음** 보배 **보** | **부 수** 宀(집 면) | **획 수** 총20획 | **간체자** 宝 [bǎo] |
| | | **활용어** 寶物(보물), 寶庫(보고) | | | |

| 073 | 保 | **훈 음** 지킬 **보** | **부 수** 人(사람 인) | **획 수** 총9획 |
| | | **활용어** 保全(보전), 安保(안보) | | |

074	伏	**훈 음** 엎드릴 **복** **부 수** 人(사람 인) **획 수** 총6획
		활용어 起伏(기복), 三伏(삼복)

075	復	**훈 음** 돌아올 **복**, 다시 **부** **부 수** 彳(조금 걸을 척) **획 수** 총12획 **간체자** 复 [fù]
		활용어 回復(회복), 復活(부활)

076	否	**훈 음** 아닐 **부** **부 수** 口(입 구) **획 수** 총7획
		활용어 否認(부인), 可否(가부)

077	佛	**훈 음** 부처 **불** **부 수** 人(사람 인) **획 수** 총7획
		활용어 佛教(불교), 佛經(불경)

078	飛	**훈 음** 날(날다) **비** **부 수** 飛(날 비) **획 수** 총9획 **간체자** 飞 [fēi]
		활용어 飛報(비보), 雄飛(웅비)

079	悲	**훈 음** 슬플 **비** **부 수** 心(마음 심) **획 수** 총12획
		활용어 悲壯(비장), 悲運(비운)

080	巳	**훈 음** 뱀(여섯째 지지) **사** **부 수** 己(몸 기) **획 수** 총3획
		활용어 巳時(사시), 巳年(사년)

확인 하기 04

❶ 다음 한자의 뜻과 음을 쓰세요.

(1) 背 ( )   (2) 罰 ( )

(3) 密 ( )   (4) 復 ( )

❷ 다음 한자어의 독음을 쓰세요.

(1) 復活 ( )   (2) 保全 ( )

(3) 佛經 ( )   (4) 房門 ( )

❸ 다음 한자의 간체자를 **보기**에서 찾아 쓰세요.

보기	宝	饭	访	务	飞	罚

(1) 務 힘쓸 무 ( )   (2) 飯 밥 반 ( )

(3) 寶 보배 보 ( )   (4) 飛 날(날다) 비 ( )

| 081 | 絲 | 훈 음 실 **사** | 부 수 糸(실 사) | 획 수 총12획 | 간체자 丝 [sī] |
| | | 활용어 **絲狀**(사상), **鐵絲**(철사) | | | |

| 082 | 寺 | 훈 음 절 **사** | 부 수 寸(마디 촌) | 획 수 총6획 | |
| | | 활용어 **山寺**(산사), **寺院**(사원) | | | |

| 083 | 舍 | 훈 음 집 **사** | 부 수 舌(혀 설) | 획 수 총8획 | |
| | | 활용어 **舍監**(사감), **舍宅**(사택) | | | |

| 084 | 散 | 훈 음 흩어질 **산** | 부 수 攵(칠 복) | 획 수 총12획 | |
| | | 활용어 **散發**(산발), **解散**(해산) | | | |

| 085 | 殺 | 훈 음 죽일 **살**, 감할 **쇄** | 부 수 殳(몽둥이 수) | 획 수 총11획 | |
| | | 활용어 **殺害**(살해), **殺到**(쇄도) | | 간체자 杀 [shā] [shài] | |

| 086 | 狀 | 훈 음 모양 **상**, 문서 **장** | 부 수 犬(개 견) | 획 수 총8획 | 간체자 状 [zhuàng] |
| | | 활용어 **實狀**(실상), **賞狀**(상장) | | | |

| 087 | 想 | 훈 음 생각 **상** | 부 수 心(마음 심) | 획 수 총13획 | |
| | | 활용어 **思想**(사상), **感想**(감상) | | | |

| 088 | 床 | 훈 음 평상 **상** | 부 수 广(집 엄) | 획 수 총7획 | |
| | | 활용어 **平床**(평상), **病床**(병상) | | | |

| 089 | 聲 | 훈 음 소리 **성** | 부 수 耳(귀 이) | 획 수 총17획 | 간체자 声 [shēng] |
| | | 활용어 **發聲**(발성), **聲量**(성량) | | | |

| 090 | 細 | 훈 음 가늘 **세** | 부 수 糸(실 사) | 획 수 총11획 | 간체자 细 [xì] |
| | | 활용어 **細密**(세밀), **明細書**(명세서) | | | |

| 091 | 稅 | 훈 음 세금, 구실 **세** | 부 수 禾(벼 화) | 획 수 총12획 | |
| | | 활용어 **稅金**(세금), **納稅**(납세) | | | |

| 092 | 掃 | 훈 음 쓸(쓸다) **소** | 부 수 手(손 수) | 획 수 총11획 | 간체자 扫 [sǎo] |
| | | 활용어 **淸掃**(청소), **一掃**(일소) | | | |

| 093 | 笑 | 훈 음 웃음 **소** | 부 수 竹(대 죽) | 획 수 총10획 | |
| | | 활용어 **談笑**(담소), **失笑**(실소) | | | |

| 094 | 素 | 훈 음 흴(희다), 본디 **소** / 부 수 糸(실 사) / 획 수 총10획 |
| | | 활용어 **素質**(소질), **平素**(평소) |

| 095 | 續 | 훈 음 이을 **속** / 부 수 糸(실 사) / 획 수 총21획 / 간체자 续 [xù] |
| | | 활용어 **手續**(수속), **持續**(지속) |

| 096 | 俗 | 훈 음 풍속 **속** / 부 수 人(사람 인) / 획 수 총9획 |
| | | 활용어 **風俗**(풍속), **俗物**(속물) |

| 097 | 松 | 훈 음 소나무 **송** / 부 수 木(나무 목) / 획 수 총8획 |
| | | 활용어 **松花**(송화), **靑松**(청송) |

| 098 | 收 | 훈 음 거둘 **수** / 부 수 攴(칠 복) / 획 수 총6획 |
| | | 활용어 **收集**(수집), **收錄**(수록) |

| 099 | 愁 | 훈 음 근심 **수** / 부 수 心(마음 심) / 획 수 총13획 |
| | | 활용어 **愁心**(수심), **鄕愁**(향수) |

| 100 | 修 | 훈 음 닦을 **수** / 부 수 人(사람 인) / 획 수 총10획 |
| | | 활용어 **修養**(수양), **修正**(수정) |

확인하기 05

❶ 다음 한자의 뜻과 음을 쓰세요.

(1) 殺 (   )   (2) 狀 (   )

(3) 續 (   )   (4) 收 (   )

❷ 다음 한자어의 독음을 쓰세요.

(1) 愁心 (   )   (2) 風俗 (   )

(3) 思想 (   )   (4) 稅金 (   )

❸ 다음 한자의 간체자를 보기에서 찾아 쓰세요.

| 보기 | 杀 声 续 扫 丝 状 |

(1) 絲 실 사   (   )   (2) 殺 죽일 살, 감할 쇄 (   )

(3) 聲 소리 성   (   )   (4) 掃 쓸(쓸다) 소 (   )

| 101 | 受 | **훈 음** 받을 **수** | **부 수** 又(또 우) | **획 수** 총8획 |
| | | **활용어** 受難(수난), 收受料(수수료) | | |

| 102 | 授 | **훈 음** 줄(주다) **수** | **부 수** 手(손 수) | **획 수** 총11획 |
| | | **활용어** 授受(수수), 敎授(교수) | | |

| 103 | 純 | **훈 음** 순수할 **순** | **부 수** 糸(실 사) | **획 수** 총10획 | **간체자** 纯 [chún] |
| | | **활용어** 純粹(순수), 單純(단순) | | | |

| 104 | 戌 | **훈 음** 개(열한째 지지) **술** | **부 수** 戈(창 과) | **획 수** 총6획 |
| | | **활용어** 戌時(술시), 甲戌(갑술) | | |

| 105 | 拾 | **훈 음** 주울 **습**, 열 **십** | **부 수** 手(손 수) | **획 수** 총9획 |
| | | **활용어** 拾得(습득), 收拾(수습) | | |

| 106 | 承 | **훈 음** 이을 **승** | **부 수** 手(손 수) | **획 수** 총8획 |
| | | **활용어** 傳承(전승), 承服(승복) | | |

| 107 | 息 | **훈 음** 숨 쉴 **식** | **부 수** 心(마음 심) | **획 수** 총10획 |
| | | **활용어** 休息(휴식), 消息(소식) | | |

| 108 | 識 | **훈 음** 알(알다) **식**, 기록할 **지** | **부 수** 言(말씀 언) | **획 수** 총19획 |
| | | **활용어** 知識(지식), 識別(식별) | **간체자** 识 [shí, zhì] | |

| 109 | 申 | **훈 음** 펼, 원숭이(아홉째 지지) **신** | **부 수** 田(밭 전) | **획 수** 총5획 |
| | | **활용어** 申告(신고), 甲申政變(갑신정변) | | |

| 110 | 我 | **훈 음** 나 **아** | **부 수** 戈(창 과) | **획 수** 총7획 |
| | | **활용어** 我軍(아군), 我國(아국) | | |

| 111 | 餘 | **훈 음** 남을 **여** | **부 수** 食(먹을 식) | **획 수** 총16획 | **간체자** 余(馀) [yú] |
| | | **활용어** 餘念(여념), 餘生(여생) | | | |

| 112 | 與 | **훈 음** 더불, 줄 **여** | **부 수** 臼(절구 구) | **획 수** 총14획 | **간체자** 与 [yǔ, yù, yú] |
| | | **활용어** 授與(수여), 與件(여건) | | | |

| 113 | 逆 | **훈 음** 거스를 **역** | **부 수** 辶(쉬엄쉬엄 갈 착) | **획 수** 총10획 |
| | | **활용어** 逆境(역경), 反逆(반역) | | |

| 114 | 研 | 훈 음 갈(갈다) 연 | 부 수 石(돌 석) | 획 수 총11획 | 간체자 研 [yán, yàn] |
| | | 활용어 研究(연구), 研修(연수) | | | |

| 115 | 煙 | 훈 음 연기 연 | 부 수 火(불 화) | 획 수 총13획 | 간체자 烟 [yān] |
| | | 활용어 煙氣(연기), 禁煙(금연) | | | |

| 116 | 營 | 훈 음 경영할 영 | 부 수 火(불 화) | 획 수 총17획 | 간체자 营 [yíng] |
| | | 활용어 經營(경영), 營利(영리) | | | |

| 117 | 榮 | 훈 음 영화 영 | 부 수 木(나무 목) | 획 수 총14획 | 간체자 荣 [róng] |
| | | 활용어 榮光(영광), 虛榮(허영) | | | |

| 118 | 藝 | 훈 음 재주 예 | 부 수 艸(풀 초) | 획 수 총19획 | 간체자 艺 [yì] |
| | | 활용어 藝術(예술), 園藝(원예) | | | |

| 119 | 誤 | 훈 음 그르칠 오 | 부 수 言(말씀 언) | 획 수 총14획 | 간체자 误 [wù] |
| | | 활용어 誤解(오해), 過誤(과오) | | | |

| 120 | 謠 | 훈 음 노래 요 | 부 수 言(말씀 언) | 획 수 총17획 | 간체자 谣 [yáo] |
| | | 활용어 歌謠(가요), 童謠(동요) | | | |

확인하기 06

❶ 다음 한자의 뜻과 음을 쓰세요.

(1) 識 (　　　　　)　　(2) 研 (　　　　　)

(3) 與 (　　　　　)　　(4) 授 (　　　　　)

❷ 다음 한자어의 독음을 쓰세요.

(1) 誤解 (　　　　　)　　(2) 反逆 (　　　　　)

(3) 研究 (　　　　　)　　(4) 消息 (　　　　　)

❸ 다음 한자의 간체자를 보기에서 찾아 쓰세요.

보기	荣　谣　艺　烟　误　营

(1) 煙 연기 연　(　　　)　　(2) 營 경영할 영　(　　　)

(3) 榮 영화 영　(　　　)　　(4) 藝 재주 예　(　　　)

| 121 | 曜 | 훈 음 빛날 요 | 부 수 日(날 일) | 획 수 총18획 |
| | | 활용어 曜日(요일), 土曜日(토요일) | | |

| 122 | 容 | 훈 음 얼굴 용 | 부 수 宀(집 면) | 획 수 총10획 |
| | | 활용어 容器(용기), 收容(수용) | | |

| 123 | 遇 | 훈 음 만날 우 | 부 수 辶(쉬엄쉬엄 갈 착) | 획 수 총13획 |
| | | 활용어 境遇(경우), 不遇(불우) | | |

| 124 | 員 | 훈 음 인원 원 | 부 수 口(입 구) | 획 수 총10획 | 간체자 员 [yuán] |
| | | 활용어 人員(인원), 減員(감원) | | |

| 125 | 圓 | 훈 음 둥글 원 | 부 수 囗(둘레 위) | 획 수 총13획 | 간체자 圆 [yuán] |
| | | 활용어 圓形(원형), 圓滿(원만) | | |

| 126 | 危 | 훈 음 위태할 위 | 부 수 卩(병부 절) | 획 수 총6획 |
| | | 활용어 危急(위급), 安危(안위) | | |

| 127 | 遺 | 훈 음 남길, 잃을 유 | 부 수 辶(쉬엄쉬엄 갈 착) | 획 수 총16획 | 간체자 遗 [yí] |
| | | 활용어 遺物(유물), 遺失(유실) | | |

| 128 | 酉 | 훈 음 닭(열째 지지) 유 | 부 수 酉(닭 유) | 획 수 총7획 |
| | | 활용어 丁酉(정유), 乙酉(을유) | | |

| 129 | 乳 | 훈 음 젖 유 | 부 수 乙(새 을) | 획 수 총8획 |
| | | 활용어 牛乳(우유), 授乳(수유) | | |

| 130 | 陰 | 훈 음 그늘 음 | 부 수 阜(언덕 부) | 획 수 총11획 | 간체자 阴 [yīn] |
| | | 활용어 陰地(음지), 寸陰(촌음) | | |

| 131 | 應 | 훈 음 응할 응 | 부 수 心(마음 심) | 획 수 총17획 | 간체자 应 [yīng, yìng] |
| | | 활용어 應試(응시), 反應(반응) | | |

| 132 | 依 | 훈 음 의지할 의 | 부 수 人(사람 인) | 획 수 총8획 |
| | | 활용어 依支(의지), 依存(의존) | | |

| 133 | 異 | 훈 음 다를 이 | 부 수 田(밭 전) | 획 수 총11획 | 간체자 异 [yì] |
| | | 활용어 異變(이변), 特異(특이) | | |

| 134 移 | 훈음 옮길 이 | 부수 禾(벼 화) | 획수 총11획 |
| | 활용어 移動(이동), 移植(이식) | | |

| 135 益 | 훈음 더할 익 | 부수 皿(그릇 명) | 획수 총10획 | 간체자 益 [yì] |
| | 활용어 利益(이익), 權益(권익) | | | |

| 136 印 | 훈음 도장 인 | 부수 卩(병부 절) | 획수 총6획 |
| | 활용어 職印(직인), 油印物(유인물) | | |

| 137 寅 | 훈음 범(셋째 지지) 인 | 부수 宀(집 면) | 획수 총11획 |
| | 활용어 甲寅(갑인), 丙寅(병인) | | |

| 138 認 | 훈음 알(알다) 인 | 부수 言(말씀 언) | 획수 총14획 | 간체자 认 [rèn] |
| | 활용어 認定(인정), 誤認(오인) | | | |

| 139 壬 | 훈음 아홉째 천간 임 | 부수 士(선비 사) | 획수 총4획 |
| | 활용어 壬辰(임진)왜란, 壬午(임오)군란 | | |

| 140 壯 | 훈음 장할, 씩씩할 장 | 부수 士(선비 사) | 획수 총7획 | 간체자 壮 [zhuàng] |
| | 활용어 壯談(장담), 健壯(건장) | | | |

확인하기 07

❶ 다음 한자의 뜻과 음을 쓰세요.

(1) 認 (   )　　(2) 益 (   )

(3) 容 (   )　　(4) 壯 (   )

❷ 다음 한자어의 독음을 쓰세요.

(1) 圓形 (   )　　(2) 危急 (   )

(3) 移動 (   )　　(4) 依存 (   )

❸ 다음 한자의 간체자를 보기 에서 찾아 쓰세요.

> 보기　异　圓　阴　员　应　遗

(1) 員 인원 원　(   )　　(2) 陰 그늘 음　(   )

(3) 應 응할 응　(   )　　(4) 異 다를 이　(   )

| 141 | 適 | 훈 음 맞을 **적** | 부 수 辶(쉬엄쉬엄 갈 착) | 획 수 총15획 | 간체자 适 [shì] |
| | | 활용어 **適當**(적당), **最適**(최적) | | | |

| 142 | 專 | 훈 음 오로지 **전** | 부 수 寸(마디 촌) | 획 수 총11획 | 간체자 专 [zhuān] |
| | | 활용어 **專攻**(전공), **專門家**(전문가) | | | |

| 143 | 切 | 훈 음 끊을 **절**, 모두 **체** | 부 수 刀(칼 도) | 획 수 총4획 | |
| | | 활용어 **適切**(적절), **切實**(절실) | | | |

| 144 | 絕 | 훈 음 끊을 **절** | 부 수 糸(실 사) | 획 수 총12획 | 간체자 绝 [jué] |
| | | 활용어 **絕妙**(절묘), **根絕**(근절) | | | |

| 145 | 點 | 훈 음 점 **점** | 부 수 黑(검을 흑) | 획 수 총17획 | 간체자 点 [diǎn] |
| | | 활용어 **點檢**(점검), **要點**(요점) | | | |

| 146 | 接 | 훈 음 이을(잇다), 사귈 **접** | 부 수 手(손 수) | 획 수 총11획 | |
| | | 활용어 **接續**(접속), **面接**(면접) | | | |

| 147 | 井 | 훈 음 우물 **정** | 부 수 二(두 이) | 획 수 총4획 | |
| | | 활용어 **井田**(정전), **井然**(정연) | | | |

| 148 | 除 | 훈 음 덜(덜다) **제** | 부 수 阜(언덕 부) | 획 수 총10획 | |
| | | 활용어 **除去**(제거), **除外**(제외) | | | |

| 149 | 制 | 훈 음 절제할, 마를 **제** | 부 수 刀(칼 도) | 획 수 총8획 | |
| | | 활용어 **制度**(제도), **節制**(절제) | | | |

| 150 | 製 | 훈 음 지을(짓다) **제** | 부 수 衣(옷 의) | 획 수 총14획 | 간체자 制 [zhì] |
| | | 활용어 **製作**(제작), **手製品**(수제품) | | | |

| 151 | 兆 | 훈 음 조, 조짐 **조** | 부 수 儿(걷는 사람 인) | 획 수 총6획 | |
| | | 활용어 **億兆**(억조), **兆候**(조후) | | | |

| 152 | 造 | 훈 음 지을(짓다) **조** | 부 수 辶(쉬엄쉬엄 갈 착) | 획 수 총11획 | |
| | | 활용어 **造作**(조작), **改造**(개조) | | | |

| 153 | 尊 | 훈 음 높을 **존** | 부 수 寸(마디 촌) | 획 수 총12획 | |
| | | 활용어 **尊貴**(존귀), **尊敬**(존경) | | | |

154	宗	**훈음** 마루, 으뜸 종	**부수** 宀(집 면)	**획수** 총8획
		활용어 宗敎(종교), 宗主國(종주국)		

155	罪	**훈음** 허물 죄	**부수** 网(그물 망)	**획수** 총13획
		활용어 罪惡(죄악), 有罪(유죄)		

156	朱	**훈음** 붉을 주	**부수** 木(나무 목)	**획수** 총6획
		활용어 印朱(인주), 朱黃(주황)		

157	衆	**훈음** 무리 중	**부수** 血(피 혈)	**획수** 총12획	**간체자** 众 [zhòng]
		활용어 出衆(출중), 衆生(중생)			

158	持	**훈음** 가질 지	**부수** 手(손 수)	**획수** 총9획
		활용어 支持(지지), 持續(지속)		

159	指	**훈음** 손가락, 가리킬 지	**부수** 手(손 수)	**획수** 총9획
		활용어 指定(지정), 指示(지시)		

160	之	**훈음** 갈(가다), 어조사 지	**부수** 丿(삐침 별)	**획수** 총4획
		활용어 水魚之交(수어지교), 漁父之利(어부지리)		

확인하기 08

❶ 다음 한자의 뜻과 음을 쓰세요.

(1) 切 (　　　　　)　　(2) 制 (　　　　　)

(3) 指 (　　　　　)　　(4) 接 (　　　　　)

❷ 다음 한자어의 독음을 쓰세요.

(1) 支持 (　　　　　)　　(2) 除去 (　　　　　)

(3) 尊敬 (　　　　　)　　(4) 改造 (　　　　　)

❸ 다음 한자의 간체자를 보기에서 찾아 쓰세요.

보기	绝	点	适	制	众	专

(1) 適 맞을 적　(　　　)　　(2) 專 오로지 전 (　　　)

(3) 點 점 점　(　　　)　　(4) 衆 무리 중　(　　　)

| 161 | 職 | 훈 음 직분, 맡을 **직** / 부 수 耳(귀 이) / 획 수 총18획 / 간체자 职 [zhí]
활용어 **職分**(직분), **退職**(퇴직) |

| 162 | 辰 | 훈 음 다섯째 지지, 별 **진** / 때 **신** / 부 수 辰(별 진) / 획 수 총7획
활용어 **生辰**(생신), **辰宿**(진수) |

| 163 | 着 | 훈 음 붙을 **착** / 부 수 羊(양 양) / 획 수 총11획
활용어 **着陸**(착륙), **着想**(착상) / 간체자 着 [zhuó, zháo, zhe] |

| 164 | 察 | 훈 음 살필 **찰** / 부 수 宀(집 면) / 획 수 총14획
활용어 **觀察**(관찰), **警察**(경찰) |

| 165 | 唱 | 훈 음 부를 **창** / 부 수 口(입 구) / 획 수 총11획
활용어 **唱歌**(창가), **合唱**(합창) |

| 166 | 創 | 훈 음 비롯할 **창** / 부 수 刀(칼 도) / 획 수 총12획
활용어 **創造**(창조), **獨創的**(독창적) / 간체자 创 [chuàng, chuāng] |

| 167 | 聽 | 훈 음 들을 **청** / 부 수 耳(귀 이) / 획 수 총22획 / 간체자 听 [tīng]
활용어 **聽衆**(청중), **視聽**(시청) |

| 168 | 請 | 훈 음 청할 **청** / 부 수 言(말씀 언) / 획 수 총15획 / 간체자 请 [qǐng]
활용어 **要請**(요청), **申請**(신청) |

| 169 | 丑 | 훈 음 소(둘째 지지) **축** / 부 수 一(한 일) / 획 수 총4획
활용어 **癸丑**(계축), **乙丑**(을축) |

| 170 | 取 | 훈 음 가질 **취** / 부 수 又(또 우) / 획 수 총8획
활용어 **取得**(취득), **爭取**(쟁취) |

| 171 | 治 | 훈 음 다스릴 **치** / 부 수 水(물 수) / 획 수 총8획
활용어 **政治**(정치), **完治**(완치) |

| 172 | 針 | 훈 음 바늘 **침** / 부 수 金(쇠 금) / 획 수 총10획 / 간체자 针 [zhēn]
활용어 **針線**(침선), **指針**(지침) |

| 173 | 快 | 훈 음 쾌할, 빠를 **쾌** / 부 수 心(마음 심) / 획 수 총7획
활용어 **快樂**(쾌락), **輕快**(경쾌) |

174	炭	훈 음 숯 **탄**	부 수 火(불 화)	획 수 총9획
		활용어 **石炭**(석탄), **炭素**(탄소)		

175	脫	훈 음 벗을 **탈**	부 수 肉(고기 육)	획 수 총11획
		활용어 **脫出**(탈출), **虛脫**(허탈)		

176	探	훈 음 찾을 **탐**	부 수 手(손 수)	획 수 총11획
		활용어 **探究**(탐구), **探査**(탐사)		

177	討	훈 음 칠(치다) **토**	부 수 言(말씀 언)	획 수 총10획	간체자 讨 [tǎo]
		활용어 **討伐**(토벌), **聲討**(성토)			

178	破	훈 음 깨뜨릴 **파**	부 수 石(돌 석)	획 수 총10획
		활용어 **破格**(파격), **看破**(간파)		

179	板	훈 음 널빤지 **판**	부 수 木(나무 목)	획 수 총8획
		활용어 **甲板**(갑판), **看板**(간판)		

180	判	훈 음 판단할 **판**	부 수 刀(칼 도)	획 수 총7획
		활용어 **判斷**(판단), **判決**(판결)		

확인 하기 09

❶ 다음 한자의 뜻과 음을 쓰세요.

(1) 着 (   )　　(2) 察 (   )

(3) 脫 (   )　　(4) 破 (   )

❷ 다음 한자어의 독음을 쓰세요.

(1) 要請 (   )　　(2) 討伐 (   )

(3) 輕快 (   )　　(4) 合唱 (   )

❸ 다음 한자의 간체자를 보기 에서 찾아 쓰세요.

보기	职	讨	创	请	针	听

(1) 職 직분, 맡을 직 (   )　　(2) 創 비롯할 창 (   )

(3) 聽 들을 청 (   )　　(4) 針 바늘 침 (   )

| 181 | 閉 | 훈 음 닫을 폐 | 부 수 門(문 문) | 획 수 총11획 | 간체자 闭 [bì] |
| | | 활용어 開閉(개폐), 閉業(폐업) | | | |

| 182 | 布 | 훈 음 베, 펼(펴다) 포 | 부 수 巾(수건 건) | 획 수 총5획 |
| | | 활용어 分布(분포), 布教(포교) | | |

| 183 | 暴 | 훈 음 사나울 포(폭) | 부 수 日(날 일) | 획 수 총15획 |
| | | 활용어 暴惡(포악), 暴言(폭언) | | |

| 184 | 包 | 훈 음 쌀(싸다) 포 | 부 수 勹(쌀 포) | 획 수 총5획 |
| | | 활용어 包容(포용), 內包(내포) | | |

| 185 | 票 | 훈 음 표, 쪽지 표 | 부 수 示(보일 시) | 획 수 총11획 |
| | | 활용어 票決(표결), 改票(개표) | | |

| 186 | 亥 | 훈 음 돼지(열두 번째 지지) 해 | 부 수 亠(머리 부분 두) | |
| | | 활용어 辛亥革命(신해혁명), 癸亥反正(계해반정) | 획 수 총6획 | |

| 187 | 解 | 훈 음 풀(풀다) 해 | 부 수 角(뿔 각) | 획 수 총13획 |
| | | 활용어 解說(해설), 見解(견해) | | |

| 188 | 鄕 | 훈 음 시골 향 | 부 수 邑(고을 읍) | 획 수 총13획 | 간체자 乡 [xiāng] |
| | | 활용어 歸鄕(귀향), 京鄕(경향) | | | |

| 189 | 虛 | 훈 음 빌(비다) 허 | 부 수 虍(범 호) | 획 수 총12획 | 간체자 虚 [xū] |
| | | 활용어 虛空(허공), 虛弱(허약) | | | |

| 190 | 驗 | 훈 음 시험 험 | 부 수 馬(말 마) | 획 수 총23획 | 간체자 验 [yàn] |
| | | 활용어 實驗(실험), 試驗(시험) | | | |

| 191 | 賢 | 훈 음 어질 현 | 부 수 貝(조개 패) | 획 수 총15획 | 간체자 贤 [xián] |
| | | 활용어 賢明(현명), 聖賢(성현) | | | |

| 192 | 協 | 훈 음 도울 협 | 부 수 十(열 십) | 획 수 총8획 | 간체자 协 [xié] |
| | | 활용어 協同(협동), 協助(협조) | | | |

| 193 | 呼 | 훈 음 부를, 숨 내쉴 호 | 부 수 口(입 구) | 획 수 총8획 |
| | | 활용어 點呼(점호), 呼名(호명) | | |

194	貨	훈 음 재화 **화**	부 수 貝(조개 패)	획 수 총11획	간체자 货 [huò]
		활용어 **財貨**(재화), **貨物**(화물)			

195	華	훈 음 빛날 **화**	부 수 艹(풀 초)	획 수 총12획	간체자 华 [huá]
		활용어 **華商**(화상), **富貴榮華**(부귀영화)			

196	效	훈 음 본받을 **효**	부 수 攵(칠 복)	획 수 총10획	
		활용어 **效果**(효과), **發效**(발효)			

197	候	훈 음 기후, 물을 **후**	부 수 人(사람 인)	획 수 총10획	
		활용어 **氣候**(기후), **問候**(문후)			

198	吸	훈 음 마실, 숨 들이쉴 **흡**	부 수 口(입 구)	획 수 총7획	
		활용어 **呼吸**(호흡), **吸收**(흡수)			

199	興	훈 음 일 **흥**	부 수 臼(절구 구)	획 수 총16획	간체자 兴 [xīng]
		활용어 **興行**(흥행), **興味**(흥미)			

200	希	훈 음 바랄(바라다) **희**	부 수 巾(수건 건)	획 수 총7획	
		활용어 **希望**(희망), **希求**(희구)			

확인하기 10

❶ 다음 한자의 뜻과 음을 쓰세요.

(1) 布 (   )　　(2) 呼 (   )

(3) 驗 (   )　　(4) 解 (   )

❷ 다음 한자어의 독음을 쓰세요.

(1) 包容 (   )　　(2) 協同 (   )

(3) 貨物 (   )　　(4) 效果 (   )

❸ 다음 한자의 간체자를 보기에서 찾아 쓰세요.

보기	虛　華　闭　货　乡　兴

(1) 閉 닫을 폐　(　　　)　　(2) 鄕 시골 향　(　　　)

(3) 華 빛날 화　(　　　)　　(4) 興 일 흥　(　　　)

확인하기 01

❶ (1) 거리 가
(2) 내릴 강, 항복할 항
(3) 검사할 검
(4) 고칠 경, 다시 갱

❷ (1) 갑부
(2) 건강
(3) 경계
(4) 주거

❸ (1) 讲
(2) 洁
(3) 庆
(4) 经

확인하기 02

❶ (1) 곳집 고
(2) 성낼 노
(3) 벼슬 관
(4) 따뜻할 난

❷ (1) 완납
(2) 금지
(3) 문구
(4) 군중

❸ (1) 库
(2) 权
(3) 归
(4) 难

확인하기 03

❶ (1) 홑 단
(2) 무리 도
(3) 벌릴 렬
(4) 논할 논

❷ (1) 막론
(2) 득실
(3) 만점
(4) 서열

❸ (1) 坛
(2) 达
(3) 队
(4) 录

확인하기 04

❶ (1) 등 배
(2) 벌할 벌
(3) 빽빽할 밀
(4) 돌아올 복, 다시 부

❷ (1) 부활
(2) 보전
(3) 불경
(4) 방문

❸ (1) 务
(2) 饭
(3) 宝
(4) 飞

확인하기 05

❶ (1) 죽일 살, 감할 쇄
(2) 모양 상, 문서 장
(3) 이를 속
(4) 거둘 수

❷ (1) 수심
(2) 풍속
(3) 사상
(4) 세금

❸ (1) 丝
(2) 杀
(3) 声
(4) 扫

확인하기 06

❶ (1) 알(알다) 식
(2) 갈(갈다) 연
(3) 더불, 줄 여
(4) 줄(주다) 수

❷ (1) 오해
(2) 반역
(3) 연구
(4) 소식

❸ (1) 烟
(2) 营
(3) 荣
(4) 艺

확인하기 07

❶ (1) 알(알다) 인
(2) 더할 익
(3) 얼굴 용
(4) 장할, 씩씩할 장

❷ (1) 원형
(2) 위급
(3) 이동
(4) 의존

❸ (1) 员
(2) 阴
(3) 应
(4) 异

확인하기 08

❶ (1) 끊을 절, 모두 체
(2) 절제할, 마를 제
(3) 손가락, 가리킬 지
(4) 이을(잇다) 접

❷ (1) 지지
(2) 제거
(3) 존경
(4) 개조

❸ (1) 适
(2) 专
(3) 点
(4) 众

확인하기 09

❶ (1) 붙을 착
(2) 살필 찰
(3) 벗을 탈
(4) 깨뜨릴 파

❷ (1) 요청
(2) 토벌
(3) 경쾌
(4) 합창

❸ (1) 职
(2) 创
(3) 听
(4) 针

확인하기 10

❶ (1) 베, 펼(펴다) 포
(2) 부를, 숨 내쉴 호
(3) 시험 험
(4) 풀(풀다) 해

❷ (1) 포용
(2) 협동
(3) 화물
(4) 효과

❸ (1) 闭
(2) 乡
(3) 华
(4) 兴

UNIT 01

3II급
- 한자 1~20
- 복습하기

1

脚

다리 각

부 月(肉, 고기 육)
획 총11획

한자쓰기

'다리'를 나타내기 위해, 뜻부분인 '月(肉, 고기 육)'에 음부분인 '却(물리칠 각)'을 더해 만든 글자이다. 사람의 신체 중 '다리'를 나타내며, '물건의 아랫부분', '토대가 되는 것'을 나타낼 때도 쓰인다.

활용어 　脚本(각본), 橋脚(교각)
한자 성어 　馬脚露出(마각노출), 脚光(각광), 脚注(각주)

丿 刀 月 月 胪 胪 肕 肷 肤 肽' 脚

脚						

2

覺

깨달을 각

부 見(볼 견)
획 총20획

한자쓰기

간체자 　觉　jué, jiào
깨닫다 / 총9획

간체자쓰기

'눈이 뜨이다'라는 뜻을 나타내기 위해, 뜻부분인 '見(볼 견)'에 음부분인 '與(學, 배울 학)'을 더해 만든 글자이다. '깨닫다', '느끼다' 등의 뜻으로 확대되어 쓰인다.

활용어 　覺悟(각오), 視覺(시각)
유의어 　悟(깨달을 오), 警(깨우칠 경), 感(느낄 감)
한자 성어 　大悟覺醒(대오각성)

ˊ ˊ ˋ ˢ ˢ ˢ ˢˊ ˢˊ ˢˊ ˢˊˊ ˢˢˢ ˢˊˊ 與 學 學 學 覺 覺

覺							

ˋ ˋ ˵ ˵ ˝ 学 学 觉 觉

觉							

3

敢

감히 **감**

부 攵(攴, 칠 복)
획 총12획

한자쓰기

'씩씩하다', '용기가 있다'라는 뜻을 나타내기 위해, 맹수를 잡은 손을 나타내는 왼쪽 부분과 '攵(攴, 칠 복)'을 합해 만든 글자이다. '굳세다', '용감하다'라는 뜻에서 확대되어 '감히', '감히 …하다'라는 뜻으로도 쓰인다.

활용어 **敢行**(감행), **勇敢**(용감)
유의어 **勇**(날랠 용)
한자 성어 **焉敢生心**(언감생심)

一 丁 千 千 千 千 毛 耳 耳 敢 敢 敢

敢							

4

鋼

강철 **강**

부 金(쇠 금)
획 총16획

한자쓰기

간체자 钢 gāng, gàng
강철 / 총9획

간체자쓰기

'단단한 쇠'를 나타내기 위해, 뜻부분인 '金(쇠 금, 금속 광물의 총칭)'에 음부분인 '岡(언덕 강)'을 더해 만든 글자이다.

활용어 **鋼鐵**(강철), **製鋼**(제강)
유의어 **鐵**(쇠 철)

丿 丿 上 午 午 钅 金 金 釘 釘 鈩 鋼 鋼 鋼 鋼

鋼							

丿 丿 上 午 钅 钊 钊 钢 钢

钢							

5

皆
다 개

- 부 白(흰 백)
- 획 총9획

한자쓰기

'모두 함께 말하다'라는 뜻을 나타내기 위해, 사람이 줄지어 있는 것을 뜻하는 '比(견줄 비)'와 '白(말할 백)'을 더해 만든 글자이다. '모두', '함께', '같이'의 뜻으로 쓰인다.

활용어 皆勤(개근), 皆兵(개병)
한자 성어 善惡皆吾師(선악개오사)

一 ナ ヒ 比 比 毕 皆 皆 皆

皆								

6

乾
하늘 건 / 마를 건[간]

- 부 乙(새 을)
- 획 총11획

한자쓰기

간체자 干 gān
마를, 방패 / 총3획

간체자쓰기

'생겨나다', '솟아나다'라는 뜻을 나타내기 위해, '乙(굽을 을, 초목이 굽어져 자라는 모습)'과 '倝(간, 햇빛이 빛나는 모양)'을 더해 만든 글자이다. 본뜻보다는 팔괘에서 '하늘'을 뜻하는 글자로 쓰인다. 이 뜻 이외에 '마르다'라는 뜻으로도 쓰인다.

활용어 乾坤(건곤), 乾燥(건조)
유의어 天(하늘 천)
반의어 土(흙 토), 地(땅 지), 坤(땅 곤)
한자 성어 白手乾達(백수건달), 乾木生水(건목생수)

一 十 古 古 古 直 直 卓 卓 乾 乾

乾								

一 二 干

干								

• 乾[qián] 하늘

7

堅
굳을 견

부 土(흙 토)
획 총11획

한자쓰기

간체자 **坚** jiān
단단하다, 굳다 / 총7획

간체자쓰기

'단단한 흙'을 나타내기 위해, 뜻부분인 '土(흙 토)'에 음부분인 '臤(굳을 간)'을 더해 만든 글자이다. '단단하다', '굳세다'라는 뜻으로 일반화되어 쓰이고 있다.

활용어 **堅固**(견고), **中堅**(중견)
유의어 **固**(굳을 고), **硬**(굳을 경), **確**(굳을 확)

一 T F F F 臣 臣 臤 臤 堅 堅

堅

I II II7 IX 坚 坚 坚

坚

8

鏡
거울 경

부 金(쇠 금)
획 총19획

한자쓰기

간체자 **镜** jìng
거울, 렌즈 / 총16획

간체자쓰기

'구리로 만든 거울'을 나타내기 위해, 뜻부분인 '金(쇠 금, 금속 광물의 총칭)'에 음부분인 '竟(다할 경)'을 더해 만든 글자이다.

활용어 **眼鏡**(안경), **望遠鏡**(망원경)
유의어 **鑑**(거울 감)
한자 성어 **明鏡止水**(명경지수), **破鏡**(파경)

丿 ㇏ ㇒ ㇟ ㇟ 牟 牟 金 金 釒 釒 釒 鈁 鍞 鐈 鐈 鏡 鏡 鏡

鏡

丿 ㇏ ㇟ ㇟ 钅 钅 钅 钅 钅 钅 镃 镝 镜 镜 镜 镜

镜

9

驚

놀랄 **경**

부 馬(말 마)
획 총23획

한자쓰기

간체자 惊 jīng

놀라다 / 총11획

간체자쓰기

'놀라다'라는 뜻을 나타내기 위해, 뜻부분인 '馬(말 마)'에 음부분인 '敬(공경할 경)'을 더해 만든 글자이다.

활용어 **驚異**(경이), **驚起**(경기)
한자 성어 **驚天動地**(경천동지), **大驚失色**(대경실색), **驚弓之鳥**(경궁지조)

丶 丿 ガ ガ ガ ガ ガ 芍 芍 芍 苛 芍 苛 敬 敬 敬 敬 驚 驚 驚
驚 驚 驚 驚 驚

驚						

丶 ｀ 忄 忄 忄 忙 忙 忄 忄 忄 惊 惊

惊						

10

耕

밭갈 **경**

부 耒(쟁기 뢰)
획 총10획

한자쓰기

쟁기로 '밭을 갈다'라는 뜻을 나타내기 위해, 부수이자 뜻 부분인 '耒(쟁기 뢰)'에, 음부분인 '井(우물 정)'을 더해 만든 글자이다. '농사짓다', '일하다'라는 뜻으로 쓰인다.

활용어 **耕作**(경작), **農耕**(농경)
한자 성어 **晝耕夜讀**(주경야독)

一 二 三 丰 丰 耒 耒 耒 耕 耕

耕						

11

系

맬, 계통 **계**

부 糸(가는 실 사)
획 총7획

'매달다'라는 뜻을 나타내기 위해, 엮어놓은 실타래의 끝부분을 본떠 만든 글자이다. 본뜻에서 확대되어 '잇다'라는 뜻으로 쓰이고 있다.

활용어　系統(계통), 體系(체계)
유의어　統(거느릴 통), 係(맬 계)

한자쓰기

丿 乀 亇 互 互 爭 系 系

系

12

係

맬(매다), 관계 **계**

부 亻(人, 사람 인)
획 총9획

'매다'라는 뜻을 나타내기 위해, 뜻부분인 '亻(人, 사람 인)'에 뜻과 음을 나타내는 '系(맬 계, 엮어놓은 실타래)'를 합해 만든 글자이다. 후에 '연결하다'라는 뜻으로 확대되어 쓰였다.

활용어　係數(계수), 關係(관계)
한자 성어　關係妄想(관계망상)

한자쓰기

丿 亻 亻 亻 佢 伝 係 係 係

係

간체자　系　jì
매다, 묶다 / 총7획

간체자쓰기

丿 乀 亇 互 爭 系 系

系

13

階
섬돌 계

- 부 阝 (阜, 언덕 부)
- 획 총12획

한자쓰기

간체자 阶 jiē
계단, 등급 / 총6획

간체자쓰기

'섬돌'을 나타내기 위해, 뜻부분인 '阝(阜, 언덕 부)'에 음부분인 '皆(다개)'를 더해 만든 글자이다. '계단', '등급' 등의 뜻으로 쓰인다.

활용어 階級(계급), 段階(단계)
유의어 層(층 층), 段(층계 단), 級(등급 급)

丶 阝 阝 阝 阡 阡 陟 陟 階 階 階

階							

丶 阝 阝 阵 阶 阶

阶							

14

鷄
닭 계

- 부 鳥(새 조)
- 획 총21획

한자쓰기

간체자 鸡 jī
닭 / 총7획

간체자쓰기

'닭'를 나타내기 위해, 뜻부분인 '鳥(새 조)'에 음부분인 '奚(어찌 해)'를 더해 만든 글자이다.

활용어 鷄卵(계란), 養鷄(양계)
한자 성어 群鷄一鶴(군계일학), 鷄卵有骨(계란유골)

丶 丶 丷 丷 爫 爫 爫 爫 奚 奚 奚 奚ㆍ 鷄ㆍ 鷄ㆍ 鷄ㆍ 鷄ㆍ 鷄 鷄 鷄 鷄 鷄

鷄							

丿 ㄡ ㄡˊ ㄡㄅ 鸡 鸡 鸡

鸡							

15

孤

외로울 **고**

- 부 子(아들 자)
- 획 총8획

'아버지를 여읜 아이'를 나타내기 위해, 뜻부분인 '子(아들 자, 어린 아이)'에 음부분인 '瓜(오이 과)'를 더해 만든 글자이다. 본뜻 이외에도, '홀로', '외롭다'라는 뜻으로 확대되어 쓰인다.

- **활용어** 孤立(고립), 孤兒(고아)
- **유의어** 單(홀 단), 獨(홀로 독)
- **한자 성어** 孤掌難鳴(고장난명), 孤城落日(고성낙일)

한자쓰기

乛 了 孑 孑 孑 孤 孤 孤

孤							

16

穀

곡식 **곡**

- 부 禾(벼 화)
- 획 총15획

'곡식'을 나타내기 위해, 뜻부분인 '禾(벼 화, 곡식)'에 음부분인 '殼(껍질 각)'을 더해 만든 글자이다. 후에 뜻이 확대되어 '좋다', '훌륭하다', '녹봉'의 뜻을 담고 있다.

- '녹봉(祿俸)'이란 옛날, 벼슬아치에게 일 년 또는 계절 단위로 나누어 주던 금품(쌀, 보리, 명주, 베, 돈 따위)을 통틀어 이르는 말이다.

- **활용어** 穀食(곡식), 五穀(오곡)
- **유의어** 糧(양식 량)
- **한자 성어** 五穀百果(오곡백과)

一 十 土 士 吉 吉 志 志 专 幸 堂 穀 穀 穀

穀							

한자쓰기

간체자 谷 gǔ
곡식, 골짜기 / 총7획

丿 八 久 父 父 谷 谷

谷							

간체자쓰기

17

困

곤할 **곤**

- 부 口(에울 위)
- 획 총7획

본래는 '문지방'을 뜻하기 위해 출입문의 입구를 뜻하는 '口'에 '木(나무 목)'을 합해 만든 글자였다. 후에 본뜻으로는 거의 쓰이지 않고 '피곤하다', '괴롭다', '통하지 아니하다'라는 뜻으로 쓰이게 되었다.

• 본래 의미는 '木(나무 목)'을 더해 '梱(문지방 곤)'자를 만들어 나타냈다.

활용어 困難(곤란), 貧困(빈곤)

유의어 苦(쓸 고), 窮(궁할 궁), 貧(가난할 빈), 疲(피곤할 피)

한자 성어 困窮而通(곤궁이통)

한자쓰기

丨 冂 冃 用 冈 冈 困

困							

18

坤

땅 **곤**

- 부 土(흙 토)
- 획 총8획

팔괘의 하나인 '땅'을 나타내기 위해, '土(흙 토)'에 '申(펼 신, 늘리어 펼치다)'을 더해 만든 글자이다. 만물을 자라게 하는 '땅', '어머니', '여자' 등의 뜻으로 쓰인다.

• '팔괘(八卦)'란 중국 상고 시대에 복희씨가 지었다는 여덟 가지의 괘. 〈주역〉에서 세상의 모든 현상을 음양을 겹치어 여덟 가지의 상으로 나타낸 건(乾), 태(兌), 이(離), 진(震), 손(巽), 감(坎), 간(艮), 곤(坤)을 이른다.

활용어 坤命(곤명), 乾坤(건곤)

유의어 地(땅 지)

반의어 乾(하늘 건), 天(하늘 천)

한자쓰기

一 十 土 圠 坤 坤 坤 坤

坤							

19

窮
다할 **궁**

부 穴(구멍 혈)
획 총15획

한자쓰기

간체자 穷 qióng
가난하다 / 총7획

간체자쓰기

'다하다'라는 뜻을 나타내기 위해, 뜻부분인 '穴(구멍 혈)'에 음부분인 '躬(몸 궁)'을 더해 만든 글자이다. '다하다', '궁하다(가난하다)', '끝까지 밝혀내다'라는 뜻으로 쓰인다.

활용어 窮理(궁리), 困窮(곤궁)
유의어 盡(다할 진), 極(다할 극), 貧(가난할 빈), 困(곤할 곤)
반의어 富(부자 부)
한자 성어 窮餘之策(궁여지책), 無窮無盡(무궁무진)

丶 丷 宀 宀 穴 穴 空 空 穷 穷 宮 窮 窮 窮 窮

窮							

丶 丷 宀 宀 穴 穷 穷

穷							

20

卷
책 **권**

부 卩(병부 절)
획 총8획

한자쓰기

옛날에 목간으로 만들어진 책을 돌돌 '말다'라는 뜻을 나타내기 위해, 뜻부분인 '卩(병부 절, 납작한 나무패)'에 음부분인 '龹(권)'을 더해 만든 글자이다. 후에 돌돌 말린 '책', '책을 세는 단위'를 뜻하는 글자로 널리 쓰이게 되었다.

• 본래 의미는 '手(손 수)'를 더해 '捲(말 권)'자를 만들어 나타냈으나, 중국어에서는 '卷'으로 통용하고 있다.

활용어 卷末(권말), 席卷(석권)
한자 성어 手不釋卷(수불석권), 開卷有益(개권유익), 讀破萬卷(독파만권)

丶 丷 丷 龹 半 尖 恭 卷

卷							

❶ 다음 한자의 뜻과 음을 쓰세요.

(1) 脚 (   )   (2) 堅 (   )

(3) 皆 (   )   (4) 鏡 (   )

(5) 鷄 (   )   (6) 困 (   )

(7) 卷 (   )   (8) 耕 (   )

❷ 다음 한자어의 독음을 쓰세요.

(1) 覺悟 (   )   (2) 系統 (   )

(3) 孤立 (   )   (4) 耕作 (   )

❸ 다음 한자의 간체자를 보기 에서 골라 쓰세요.

보기	穷	惊	谷	千

(1) 乾 (   )   (2) 驚 (   )

(3) 穀 (   )   (4) 窮 (   )

❹ 다음 뜻을 가진 사자성어를 보기 에서 골라 그 독음을 쓰세요.

보기	孤掌難鳴	鷄卵有骨	無窮無盡

(1) 달걀에도 뼈가 있다는 뜻으로, 운수가 나쁜 사람은 모처럼 좋은 기회를 만나도 역시 일이 잘 안됨을 이르는 말

✍ _____

(2) 왼손뼉만으로는 소리가 울리지 아니한다는 뜻으로, 혼자의 힘만으로 어떤 일을 이루기 어려움을 이르는 말

✍ _____

UNIT 02

3II급
- 한자 21~40
- 복습하기

21

勸

권할 **권**

- 부 力(힘 력)
- 획 총20획

한자쓰기

간체자 **劝** quàn

권하다 / 총4획

간체자쓰기

'힘쓰다'라는 뜻을 나타내기 위해, 뜻부분인 '力(힘 력)'에 음부분인 '雚(황새 관)'을 더해 만든 글자이다. 후에 '권하다', '격려하다'라는 뜻으로 확대되어 쓰이게 되었다.

활용어 勸告(권고), 強勸(강권)

한자 성어 勸學(권학), 勸善(권선)

⺅ ⺅ ⺅⺌ ⺅⺌ ⺅⺌ ⺅⺌ ⺅⺌⺌ ⺅⺌⺌ ⺅⺌⺌ ⺊雚 雚 雚 雚 雚 雚 雚 勸 勸

勸							

フ ヌ 刃 劝

劝							

22

勤

부지런할 **근**

- 부 力(힘 력)
- 획 총13획

한자쓰기

'일하다'라는 뜻을 나타내기 위해, 뜻부분인 '力(힘 력)'에 음부분인 '堇(진흙 근)'을 더해 만든 글자이다. 본뜻에서 심화되어 '부지런하다'라는 뜻으로 쓰이게 되었다.

활용어 勤務(근무), 出勤(출근)

一 十 廿 廿 芦 苦 莒 莒 堇 堇 勤 勤

勤							

23

既

이미 **기**

부 无(없을 무)
획 총11획

한자쓰기

간체자 **既** jì
마치다, 이미 / 총9획

간체자쓰기

'밥을 다 먹다'라는 뜻을 나타내기 위해, 밥그릇을 나타내는 '皀(고소할 급)'에 등을 돌려 앉은 사람을 뜻하는 '旡(목멜 기, 목이 막히다)'를 합해 만든 글자이다. 본뜻에서 '마치다', '이미'라는 뜻으로 바꾸어 쓰이게 되었다.

활용어 既存(기존), 既成(기성)
유의어 已(이미 이)
한자 성어 既得權(기득권), 既往之事(기왕지사)

丿 丷 冖 皀 皀 皀 皂 皂 皂 既 既

既

㇐ ㇇ 彐 彐 旡 旡 既 既 既

既

24

幾

몇 **기**

부 幺(작을 요)
획 총12획

한자쓰기

간체자 **几** jǐ
몇, 얼마나 / 총2획

간체자쓰기

본래는 '베틀'을 뜻하기 위해 베틀에 앉아 베를 짜는 사람을 본떠 만든 글자였다. 후에 본뜻보다는 '몇', '조짐'을 나타내는 글자로 널리 쓰이게 되었다.
• 본뜻인 '베틀'이라는 뜻은 '木(나무 목)'을 더해 '機(틀 기)'자를 만들어 나타냈다.

활용어 幾日(기일), 幾何學(기하학), 幾何級數的(기하급수적)

丿 幺 幺 幼 幼 絲 絲 丝 丝 幾 幾 幾

幾

丿 几

几

25

茶

차 **다[차]**

부 ⺿(艸, 풀 초)
획 총10획

한자쓰기

'차나무'를 뜻하기 위해, '⺿(艸, 풀 초)'와 '人(사람 인)', '木(나무 목)'을 더해 만든 글자이다.

활용어 茶食(다식), 綠茶(녹차)
한자 성어 恒茶飯事(항다반사), 茶禮(차례)

丶 十 卝 卝 丱 艻 茶 茶 茶 茶

茶							

한중한자어 비교

한 **茶道** 다도 : 차를 달이거나 마실 때의 방식이나 예의범절
중 **茶艺** [cháyì]
한 **茶禮** 다례 : 차를 대접하는 의식.
　　　　차례 : 음력 매달 초하룻날과 보름날, 명절날, 조상 생일 등의 낮에 지내는 제사.
중 **茶礼** chálǐ : 다례, 차례

26

但

다만 **단**

부 亻(人, 사람 인)
획 총7획

한자쓰기

'윗도리를 벗다'라는 뜻을 나타내기 위해, 뜻부분인 '亻(人, 사람 인)'에 음부분인 '旦(아침 단)'을 더해 만든 글자이다. 후에 '다만', '오직'이라는 뜻을 나타내는 글자로 널리 쓰이게 되었다.
• 본뜻은 '衣(옷 의)'을 더해 '袒(웃통 벗을 단)'자를 만들어 나타냈다.

활용어 但只(단지), 但書(단서)
유의어 只(다만 지), 唯(오직 유)

丿 亻 亻 仴 但 但 但

但							

段

층계, 구분 **단**

부 殳(칠 수)
획 총9획

한자쓰기

'돌을 깨다'라는 뜻을 나타내기 위해, '几(쇠망치 모양)'과 '又(또 우, 손 모양)', 'ㄏ(언덕 엄)'과 '三(부서진 돌조각 모양)'을 합해 만든 글자이다. 본뜻에서 확대되어 '계단', '사물의 한 부분', '사물이나 시간 따위의 한 구분', '일정한 시간·공간의 거리나 구간', '도막' 등의 뜻으로 쓰인다.

활용어 **段階**(단계), **手段**(수단)
유의어 **階**(섬돌 계)

丶 亻 亻 亻 亻 旨 旨 段 段

段							

28

導

이끌 **도**

부 寸(마디 촌)
획 총16획

한자쓰기

导 dǎo
이끌다 / 총6획

간체자쓰기

'손을 잡아 이끌다'라는 뜻을 나타내기 위해, 뜻부분인 '寸(마디 촌, 손 잡다)'에 음부분인 '道(길 도)'를 더해 만든 글자이다. 이때 '道'는 '좋은 길'이라는 뜻도 겸하고 있다. 본뜻에서 확대되어 '좋은 길로 인도하다'라는 뜻으로 쓰이게 되었다.

활용어 **導入**(도입), **指導**(지도)
유의어 **引**(끌 인), **教**(가르칠 교), **訓**(가르칠 훈)

丶 丷 ⺌ 广 芐 芐 首 首 酋 首 道 道 道 導 導

導						

乛 ㄱ ㄹ 르 导 导

导					

29

羅

벌일 **라**

(부) ⼀(网, 그물 망)
(획) 총19획

한자쓰기

간체자	罗 luó
	새그물 / 총8획

간체자쓰기

'그물을 쳐서 새를 잡다'라는 뜻을 나타내기 위해, '⼀(网, 그물 망)'에 '隹(새 추)', '糸(가는 실 사)'를 합해 만든 글자이다. '새 그물', '벌이다', '늘어놓다', '비단'이라는 뜻으로 쓰인다.

활용어 羅列(나열), 網羅(망라)
유의어 列(벌일 렬)
한자 성어 森羅萬象(삼라만상), 阿修羅場(아수라장)

丶 冖 冂 冃 罒 罒 罒 罒 罗 罗 罨 罨 羂 羂 羂 羂 羅 羅 羅

羅						

丶 冖 冂 冃 罒 罗 罗 罗

罗						

30

卵

알 **란**

(부) 卩(병부 절)
(획) 총7획

한자쓰기

'동물의 알' 모양을 본떠 만든 글자이다.

활용어 卵子(난자), 鷄卵(계란)
한자 성어 累卵之危(누란지위), 以卵投石(이란투석)

丿 亻 亻 亇 卵 卵 卵

卵						

31

覽
볼(보다) **람**

부 見(볼 견)
획 총21획

한자쓰기

간체자 览 lǎn
보다, 읽다 / 총9획

간체자쓰기

'두루 살펴보다'라는 뜻을 나타내기 위해, 뜻부분인 '見(볼 견)'에 뜻과
음을 겸하는 '監(볼 감)'을 합해 만든 글자이다.

활용어 觀覽(관람), 遊覽(유람)
유의어 視(볼 시), 監(볼 감), 示(보일 시), 觀(볼 관), 閱(볼 열), 察(살필 찰)
한자 성어 博覽強記(박람강기)

一 𠄌 𠂯 𠂯 𦣻 臣 臣 臥 臥 臨 臨 臨 臨 臨 臨 臨 臥 臥 臥 覽 覽

覽						

丶 丨 卝 卝 卝 卝 竹 览 览

览						

32

浪
물결 **랑**

부 氵(水, 물 수)
획 총10획

한자쓰기

'물결'을 뜻하기 위해, 뜻부분인 '氵(水, 물 수)'에 음부분인 '良(어질
랑)'을 더해 만든 글자이다. '물결', '함부로', '제멋대로' 등의 뜻으로
쓰인다.

활용어 浪費(낭비), 風浪(풍랑)
유의어 波(물결 파)
한자 성어 浮言浪說(부언낭설), 浪漫主義(낭만주의), 流浪生活(유랑생활)

丶 丶 氵 氵 沪 沪 沪 浪 浪 浪

浪						

33

郎

사내 **랑**

부 阝 (邑, 고을 읍)
획 총10획

한자쓰기

간체자 **郎** láng
사내, 수컷 / 총8획

간체자쓰기

본래는 중국 노(魯)나라의 한 지역 이름을 나타내기 위해, 뜻부분인 '阝(邑, 고을 읍)'에 음부분인 '良(어질 량)'을 더해 만든 글자였다. 후에 '벼슬이름', '사내'를 뜻할 때 쓰이게 되면서 지금까지 '사내', '남편'이라는 뜻으로 쓰이고 있다.

활용어	**新郎**(신랑), **花郎**(화랑)
유의어	**男**(사내 남)
반의어	**女**(여자 녀), **娘**(여자 낭)
한자 성어	**白面書郎**(백면서랑)

郎							

`丶 夅 夅 彐 良 良 郎 郎`

郎							

34

涼

서늘할 **량**

부 氵 (水, 물 수)
획 총11획

한자쓰기

간체자 **凉** liáng, liàng
서늘하다 / 총10획

간체자쓰기

'맑은 술'을 나타내기 위해, 뜻부분인 '氵(水, 물 수)'에 음부분인 '京(서울 경)'을 더해 만든 글자이다. 후에 본뜻에서 확대되어 '서늘하다', '쓸쓸하다'라는 뜻으로 쓰이게 되었고, 글자의 자형도 '氵' 부분이 '冫(얼음 빙)'으로 바뀐 '凉'을 널리 쓰게 되었다.

| 활용어 | **納涼**(납량), **清涼**(청량) |
| 반의어 | **溫**(따뜻할 온), **暑**(더울 서), **暖**(따뜻할 난), **炎**(불꽃 염), **熱**(더울 열) |

`丶 冫 氵 氵 广 浐 泞 泞 涼 涼 涼`

涼							

`丶 冫 氵 广 浐 浐 浐 浐 凉 凉`

凉							

露

이슬 로

부 雨(비 우)
획 총20획

한자쓰기

'이슬'을 나타내기 위해, 뜻부분인 '雨(비 우)'에 음부분인 '路(길 로)'를 더해 만든 글자이다. '이슬', '드러내다'라는 뜻으로 쓰인다.

활용어 暴露(폭로), 露骨的(노골적)

유의어 暴(사나울, 드러낼 폭)

한자 성어 馬脚露出(마각노출)

一 广 户 币 币 帀 帀 帀 帀 帀 帀 霡 霡 霡 霡 霡 露 露

露							

36

柳

버들 류

부 木(나무 목)
획 총9획

한자쓰기

'버드나무'를 나타내기 위해, 뜻부분인 '木(나무 목)'에 음부분인 '卯(넷째 지지 묘)'를 더해 만든 글자이다.

활용어 花柳(화류), 細柳(세류)

一 十 才 木 杧 杧 柳 柳 柳

柳							

留

머무를 류

부 田(밭 전)
획 총10획

한자쓰기

'머무르다'라는 뜻을 나타내기 위해, 뜻부분인 '田(밭 전)'에 음부분인 '卯(넷째 지지 묘)'를 더해 만든 글자이다. '머무르다', '남다', '주의하다' 등의 뜻으로 쓰인다.

활용어	留學(유학), 保留(보류)
유의어	停(머무를 정), 泊(머무를 박), 駐(머무를 주)
반의어	來(올 래), 去(갈 거), 往(갈 왕)
한자 성어	虎死留皮(호사유피)

丶 丆 乊 乊 卯 卯 卵 留 留 留

留							

38

晚

늦을 만

부 日(날 일)
획 총11획

한자쓰기

'해가 저물다'라는 뜻을 나타내기 위해, 뜻부분인 '日(해 일)'에 음부분인 '免(면할 면)'을 더해 만든 글자이다. '저녁', '늦다'라는 뜻으로 쓰인다.

활용어	晚學(만학), 晚秋(만추), 早晚間(조만간)
반의어	早(이를 조)
한자 성어	大器晚成(대기만성)

丨 冂 日 日 日' 昀 昀 晧 晧 晧 晚

晚							

39

忙

바쁠 **망**

부 忄(心, 마음 심)

획 총6획

한자쓰기

'정신없이 바쁘다'라는 뜻을 나타내기 위해, '忄(心, 마음 심)'과 '亡(잃을 망)'을 합해 만든 글자이다. 이때, '亡(망)'은 음부분도 겸한다. '바쁘다', '서두르다'라는 뜻으로 쓰인다.

활용어	多忙(다망), 忙中閑(망중한)
반의어	閑(한가할 한)
한자 성어	多事多忙(다사다망), 忙中有閑(망중유한)

丶 丶 忄 忙 忙 忙

忙						

40

麥

보리 **맥**

부 麥(보리 맥)

획 총11획

간체자

麦 mài

밀, 보리 / 총7획

한자쓰기

간체자쓰기

'보리'를 나타내기 위해, 꼿꼿한 보리 이삭의 모습인 '來(올 래)'와 아랫부분에 뿌리를 표현한 '夊(천천히 걸을 쇠)'를 더해 만든 글자이다. 보리, 참밀, 귀리, 호밀 등의 보리 종류를 나타낸다.

• 본래 '보리'를 뜻하는 글자는 '來(올 래)'였으나, 후에 '오다'라는 뜻으로 더 많이 사용되면서 지금의 글자 모양을 쓰게 되었다.

| 활용어 | 麥酒(맥주), 大麥(대맥) |

一 ナ ブ ヂ 夾 來 來 麥 麥

麥						

一 二 キ 主 丰 麦 麦

麦						

① 다음 한자의 뜻과 음을 쓰세요.

(1) 旣 (   )   (2) 茶 (   )

(3) 但 (   )   (4) 導 (   )

(5) 浪 (   )   (6) 涼 (   )

(7) 露 (   )   (8) 晩 (   )

② 다음 한자어의 독음을 쓰세요.

(1) 出勤 (   )   (2) 手段 (   )

(3) 鷄卵 (   )   (4) 留學 (   )

③ 다음 한자의 간체자를 보기 에서 골라 쓰세요.

보기	几	罗	导	既

(1) 幾 (   )   (2) 導 (   )

(3) 羅 (   )   (4) 旣 (   )

④ 다음 뜻을 가진 사자성어를 보기 에서 골라 그 독음을 쓰세요.

보기	多事多忙	以卵投石	大器晩成

(1) 큰 그릇을 만드는 데는 시간이 오래 걸린다는 뜻으로, 크게 될 사람은 늦게 이루어
짐을 이르는 말

✍ _____

(2) 달걀로 돌을 친다는 뜻으로, 아주 약한 것으로 강한 것에 대항하려는 어리석음을 비유
적으로 이르는 말

✍ _____

UNIT 03

3Ⅱ급

- 한자 41~60
- 복습하기

41

兔

면할 **면**

- 부 儿(걷는 사람 인)
- 획 총7획

한자쓰기

본래는 '머리에 쓰는 갓'을 나타내기 위해 '冖(덮을 멱)'과 '人(사람 인)'을 합해 만든 글자였다. 본뜻보다는 '놓아주다', '벗어나다'라는 뜻으로 더 많이 쓰이게 되었다.

• 본뜻은 '冃(쓰개 모)'를 더해 '冕(면류관 면)'자를 만들어 나타냈다.

| 활용어 | 免稅(면세), 減免(감면) |

| 반의어 | 任(맡길 임) |

ノ ク ク 各 各 乒 免

兔							

42

勉

힘쓸 **면**

- 부 力(힘 력)
- 획 총9획

한자쓰기

'힘쓰다'라는 뜻을 나타내기 위해, 뜻부분인 '力(힘 력)'에 음부분인 '免(면할 면)'을 더해 만든 글자이다.

| 활용어 | 勉學(면학), 勤勉(근면) |

ノ ク ク 各 各 乒 免 免 勉

勉							

43

眠

잠잘 면

부 目(눈 목)
획 총10획

한자쓰기

'눈을 감고 자다'라는 뜻을 나타내기 위해, 뜻부분인 '目(눈 목)'에 음 부분인 '民(백성 민)'을 더해 만든 글자이다.

활용어 冬眠(동면), 休眠(휴면)
유의어 宿(잘 숙)
한자 성어 不眠不休(불면불휴)

丨 冂 冃 冃 目 目 目 目 眛 眠

眠								

44

鳴

울(울다) 명

부 鳥(새 조)
획 총14획

한자쓰기

간체자 鸣 míng
울다 / 총8획

간체자쓰기

본래는 '새의 울음소리'를 나타내기 위해, '鳥(새 조)'와 '口(입 구, 소 리가 나오는 곳)'를 합해 만든 글자이다. 본뜻이 확대되어 '울음소리', '물체의 울림', '밖으로 드러내다' 등의 뜻으로 쓰인다.

활용어 悲鳴(비명), 共鳴(공명)
한자 성어 百家爭鳴(백가쟁명)

丨 冂 口 口 叮 听 咭 咘 唣 鳴 鳴 鳴 鳴 鳴

鳴								

丨 冂 口 口 叮 吵 鸣 鸣

鸣								

45

暮
저물 모

부 日(날 일)
획 총15획

'해 질 무렵'을 나타내기 위해, '日(해 일)'과 '艸(우거질 망, 풀숲)'을 합해 초원에서 해가 지는 모습을 표현한 '莫(없을 막)'을 만들어 썼다. 후에 '莫'이 '~이 없다'라는 뜻으로 더 많이 쓰이게 되면서, 아랫부분에 '日(해 일)'을 하나 더 덧붙여 '(날이) 저물다'라는 뜻을 강조한 '暮(저물 모)'를 만들어 쓰게 되었다. '저물다', '저녁', '(시간에) 늦다'라는 뜻으로 쓰인다.

활용어	暮春(모춘), 歲暮(세모)
유의어	夕(저녁 석)
반의어	旦(아침 단), 朝(아침 조)
한자 성어	朝三暮四(조삼모사), 朝令暮改(조령모개)

丶 十 艹 芦 芦 芦 苜 昔 昔 莫 莫 幕 幕 暮

暮							

한자쓰기

46

茂
무성할 무

부 艹(艸, 풀 초)
획 총9획

'풀이 무성하다'라는 뜻을 나타내기 위해, 뜻부분인 '艹(艸, 풀 초)'에 음부분인 '戊(다섯째 천간 무)'를 더해 만든 글자이다. '우거지다', '다채롭다', '풍성하고 훌륭하다' 등의 뜻으로 쓰인다.

| 활용어 | 茂盛(무성), 茂林(무림) |

丶 十 艹 艹 芦 芦 茂 茂 茂

茂							

한자쓰기

47

舞

춤출 **무**

부 舛(어그러질 천)
획 총14획

한자쓰기

'춤추다'라는 뜻을 나타내기 위해, 사람이 장식이 붙은 소맷자락을 나풀거리며 춤추고 있는 모습을 본뜬 글자인 '無(없을 무)'를 썼다.
후에 '無'가 '없다'라는 뜻으로 더 널리 쓰이게 되자, 뜻을 강조하기 위해 서로 반대로 놓인 두 발을 표현한 '舛(어그러질 천)'을 합해 '舞(춤출 무)'를 만들어 쓰게 되었다.

활용어 舞臺(무대), 歌舞(가무)

丿 ㇒ ㇒ ㇒ 無 無 無 無 無 舞 舞 舞 舞 舞

舞							

48

墨

먹 **묵**

부 土(흙 토)
획 총15획

한자쓰기

'먹'을 뜻하기 위해, '土(흙 토)'와 '黑(검을 흑)'을 더해 만든 글자이다. 지금도 '먹'이라는 뜻으로 쓰인다.

활용어 墨刑(묵형), 筆墨(필묵)
한자 성어 近墨者黑(근묵자흑), 水墨畫(수묵화), 紙筆墨(지필묵)

丶 ㅁ ㅁ ㅁ 甲 里 里 墨 黑 黑 黑 墨 墨 墨

墨							

49

勿

말(말다) **물**

부 勹(쌀 포)
획 총4획

한자쓰기

옛글자의 자형은 '刀(칼 도)'에 점 세 개를 찍어 만든 글자였다. 점 셋은 칼로 무엇인가를 잘랐을 때 떨어진 '부스러기를 나타낸 것'으로 부스러기는 '필요하지 않다'라는 뜻에서, '…하지 마라', '…해서는 안 된다', '아니다' 등의 부정이나 금지를 나타내는 글자로 쓰이게 되었다.

활용어 勿論(물론), 勿忘草(물망초)
한자 성어 勿失好機(물실호기)

丿 勹 勺 勿

勿							

50

杯

잔 **배**

부 木(나무 목)
획 총8획

한자쓰기

'나무로 만든 잔'을 나타내기 위해, 뜻부분인 '木(나무 목)'에 음부분인 '不(아니 불)'을 더해 만든 글자이다. 본뜻에서 확대되어 '술이나 음료의 잔을 헤아리는 단위', '트로피', '술잔' 등을 뜻하게 되었다.

활용어 乾杯(건배), 苦杯(고배)

一 十 才 木 木 杉 杯 杯

杯							

51

配

짝, 나눌 **배**

- 부 酉(닭 유)
- 획 총10획

✎ 한자쓰기

'사람이 술 단지를 늘어놓다'라는 뜻을 나타내기 위해, '酉(술그릇 유)'
와 '己(卩, 병부 절, 쭈그려 앉은 사람)'을 더해 만든 글자이다. '나누
다', '짝짓다', '(부족한 물품을) 보충하다' 등의 뜻으로 쓰이고 있다.

활용어	配達(배달), 分配(분배)
유의어	分(나눌 분), 班(나눌 반)
반의어	集(모을 집)
한자 성어	天生配匹(천생배필)

一 厂 厂 丙 酉 酉 酉 酉ˈ 配ˈ 配

配							

52

犯

범할 **범**

- 부 犭(犬, 개 견)
- 획 총5획

✎ 한자쓰기

'함부로 들어가다'라는 뜻을 나타내기 위해, 뜻부분인 '犭(犬, 개 견)'
에 음부분과 뜻부분을 겸한 '卩(병부 절, 꿇어앉은 사람 모습)'을 합해
만든 글자이다. 본뜻에서 확대되어 '(주로 잘못되거나 좋지 않은 일
등을) 저지르다', '(법·규칙을) 어기다'라는 뜻으로 쓰이고 있다.

| 활용어 | 犯罪(범죄), 犯人(범인) |

丿 犭 犭 犯 犯

犯							

53

逢

만날 **봉**

부 辶(辵, 쉬엄쉬엄 갈 착)
획 총11획

한자쓰기

'(길에서) 만나다'라는 뜻을 나타내기 위해, 뜻부분인 '辶(쉬엄쉬엄 갈 착)'에 음부분인 '夆(이끌 봉)'을 더해 만든 글자이다.

활용어 逢變(봉변), 相逢(상봉)
유의어 遇(만날 우)

丿 ク 夂 夂 冬 夆 夆 夆 逄 逄 逢

逢							

54

扶

도울 **부**

부 扌(手, 손 수)
획 총7획

한자쓰기

'사람을 껴안아 부축하다'라는 뜻을 나타내기 위해, 뜻부분인 '扌(手, 손 수)'에 음부분과 뜻부분을 겸한 '夫(사내 부, 성인 남자)'를 더해 만든 글자이다. '(손으로) 떠받치다', '돕다' 등의 뜻으로 쓰인다.

활용어 扶養(부양), 扶助(부조)
유의어 助(도울 조)
한자 성어 相扶相助(상부상조)

一 十 才 扌 扶 扶 扶

扶							

55

浮

뜰(뜨다) **부**

부 氵(水, 물 수)
획 총10획

한자쓰기

'물에 뜨다'라는 뜻을 나타내기 위해, 뜻부분인 '氵(水, 물 수)'에 음부분인 '孚(미쁠 부)'를 더해 만든 글자이다. '뜨다', '유동적인', '일시적인'의 뜻으로 쓰이고 있다.

활용어 　浮力(부력), 浮上(부상)
반의어 　沈(잠길 침)
한자 성어 　浮言流說(부언유설), 浮動資金(부동자금)

丶 丶 氵 氵 浮 浮 浮 浮 浮 浮

浮							

56

副

버금, 다음 **부**

부 刂(刀, 칼 도)
획 총11획

한자쓰기

'쪼개다'라는 뜻을 나타내기 위해, 뜻부분인 '刂(刀, 칼 도)'에 음부분인 '畐(가득할 복)'을 더해 만든 글자이다. '버금(으뜸의 바로 아래)', '곁들이다', '보조 직무를 담당하는 사람', '들어맞다' 등의 뜻으로 쓰인다.

활용어 　副作用(부작용), 副業(부업)
유의어 　亞(버금 아), 仲(버금 중), 次(버금 차)
반의어 　最(가장 최), 正(바를 정), 主(주인 주)

一 ㄱ 古 亩 亩 亩 畐 畐 畐 副 副

副							

朋

벗 **붕**

부 月(달 월)
획 총8획

처음에는 '화폐의 단위'를 나타내기 위해, '조개 껍데기 다섯 개를 두 줄에 엮어 놓은 모습'을 본떠 만든 글자였다. 후에 '재물'을 나타낸 본뜻이 점점 사라지면서 '무리', '벗'이라는 뜻으로 쓰이게 되었다.

• 고대에는 보라색 조개껍데기를 화폐로 사용했는데 화폐단위로 조개껍데기 5개를 '一串', '兩串'을 '一朋'이라고 했다. '串(꿰미 천)'은 고대에 화폐로 사용되었던 조개를 실로 꿴 모양을 본뜬 글자로, 우리나라에서는 '호미곶', '장산곶' 등의 지명 이름으로 사용되며, 중국에서는 '꼬치'의 뜻으로 쓰이고 있다.

활용어　朋友(붕우)

유의어　友(벗 우)

한자 성어　朋友有信(붕우유신)

丿 刀 刀 刀 刖 朋 朋 朋

朋							

한자쓰기

祕

숨길 **비**

부 示(보일 시)
획 총10획

'신', '영혼'을 나타내기 위해, 뜻부분인 '示(제단 시)'에 음부분인 '必(반드시 필)'을 더해 만든 글자이다. 본뜻에서 확대되어 '숨기다', '비밀', '비밀로 하다' 등의 뜻으로 쓰인다.

활용어　祕密(비밀), 祕書(비서)

ーーテテ示示和秘秘秘

祕							

한자쓰기

간체자

秘 mì, bì

비밀의 / 총10획

ーー千禾禾禾秒秒秘秘

秘							

간체자쓰기

59

私

사사(개인) **사**

🔵 부 禾(벼 화)
🔵 획 총7획

한자쓰기

'벼의 종류'를 나타내기 위해, 뜻부분인 '禾(곡식)'에 음부분인 'ㅿ(사사 사)'를 더해 만든 글자이다. 본뜻은 거의 사라지고 음부분인 'ㅿ(사사 사, 팔을 구부려 둥글게 에워싼 모양)'의 뜻으로 널리 쓰이게 되었다. '私'는 '개인이나 개인의 집안에 관한 사사로운 것'을 뜻한다. '公(공평할 공)'과 반대되는 뜻으로 '일 처리에서 개인적인 관계에 끌려 공정하지 못하게 처리하는 일'을 뜻한다.

활용어 **私立**(사립), **公私**(공사)
반의어 **公**(공평할 공)
한자 성어 **先公後私**(선공후사)

丿 二 千 禾 禾 私 私

私						

60

射

쏠(쏘다) **사**

🔵 부 寸(마디 촌)
🔵 획 총10획

한자쓰기

'활을 쏘다'라는 뜻을 나타내기 위해, 화살을 끼운 활의 모양을 표현한 '身(몸 신)'에 활시위를 쥔 손을 나타내는 '寸(마디 촌)'을 합해 만든 글자이다.

활용어 **發射**(발사), **注射**(주사)

丿 亻 亇 亇 身 身 身 身 射 射

射						

① 다음 한자의 뜻과 음을 쓰세요.

(1) 眠 (   )   (2) 暮 (   )

(3) 配 (   )   (4) 扶 (   )

(5) 浮 (   )   (6) 副 (   )

(7) 射 (   )   (8) 墨 (   )

② 다음 한자어의 독음을 쓰세요.

(1) 歌舞 (   )   (2) 犯人 (   )

(3) 私立 (   )   (4) 秘密 (   )

③ 다음 한자의 간체자를 보기 에서 골라 쓰세요.

보기	罗	鸣	麦	览

(1) 羅 (   )   (2) 麥 (   )

(3) 鳴 (   )   (4) 覽 (   )

④ 다음 뜻을 가진 사자성어를 보기 에서 골라 그 독음을 쓰세요.

보기 近墨者黑   相扶相助   朋友有信

(1) 오륜의 하나. 벗과 벗 사이의 도리는 믿음에 있음을 이름

✎ _____

(2) 먹을 가까이하는 사람은 검어진다는 뜻으로, 나쁜 사람과 가까이 지내면 나쁜 버릇
에 물들기 쉬움을 비유적으로 이르는 말

✎ _____

UNIT 04

3II급

- 한자 61~80
- 복습하기

61

尚

오히려, 높을 **상**

부 小(작을 소)
획 총8획

한자쓰기

'위'라는 뜻을 나타내기 위해, 흩어짐을 표시한 '八(여덟 팔)'에 환기구가 있는 창문인 '向(향할 향)'을 합해 만든 글자이다. 본뜻에서 확대되어 '오히려', '높이다', '존중하다' 등의 뜻으로 널리 쓰이게 되었다.

활용어 **高尙**(고상), **崇尙**(숭상)
유의어 **崇**(높을 숭)
한자 성어 **文武崇尙**(문무숭상), **時機尙早**(시기상조)

丨 丿 亅 小 小 冋 冋 尙 尙

尚								

62

喪

잃을, 죽을 **상**

부 口(입 구)
획 총12획

한자쓰기

간체자 丧 sāng, sàng
잃다, 죽다 / 총8획

간체자쓰기

'죽다'라는 뜻을 나타내기 위해, '亡(망할 망, 죽음)'과 '哭(울 곡, 울다)'을 합해 만든 글자였다. 후에 글자 모양은 바뀌었지만 뜻은 그대로 쓰여 '죽다', '잃다', '기가 꺾이다'라는 뜻으로 쓰이게 되었다.

활용어 **喪失**(상실), **初喪**(초상)
유의어 **失**(잃을 실)
반의어 **得**(얻을 득)
한자 성어 **喪明之痛**(상명지통)

一 十 十 卅 世 吏 喪 喪 喪 喪 喪 喪

喪								

一 十 十 亓 卆 夷 夷 丧

丧								

63

象

코끼리, 본뜰 **상**

부 豕(돼지 시)
획 총12획

한자쓰기

'코끼리'를 나타내기 위해, 코끼리의 긴 코와 널따란 귀의 특징을 본떠 만든 글자이다. '코끼리', '모양', '본뜨다'라는 뜻으로 쓰인다.

활용어　象形(상형), 對象(대상)
유의어　形(모양 형)

丿 ⺈ ⺈ ⺈ 鱼 鱼 免 免 免 象 象 象

象							

64

傷

다칠, 상할 **상**

부 亻(人, 사람 인)
획 총13획

한자쓰기

간체자	伤 shāng 상처, 다치다 / 총6획

간체자쓰기

'다친 사람'을 뜻하기 위해, 뜻부분인 '亻(人, 사람 인)'에 '矢(화살 시)', '昜(볕 양)'을 합해 만든 글자이다. '상처', '상하다', '해치다'라는 뜻으로 널리 쓰이고 있다.

활용어　傷害(상해), 傷心(상심)
한자 성어　傷弓之鳥(상궁지조)

丿 亻 亻 亻 仨 仨 佪 伲 俥 傳 傷 傷 傷

傷							

丿 亻 亻 仁 伝 伤

伤							

65

霜

서리 **상**

- 부 雨(비 우)
- 획 총17획

한자쓰기

'서리'를 나타내기 위해, 뜻부분인 '雨(비 우, 자연현상)'에 음부분인 '相(서로 상)'을 더해 만든 글자이다. 본뜻에서 확대되어 '서리 모양의 것', '차가움', '흰색' 등의 비유로 쓰인다.

활용어 **霜降**(상강), **風霜**(풍상), **秋霜**(추상)
한자 성어 **雪上加霜**(설상가상)

一 一 一 雨 雨 雨 雨 雨 雪 雪 霜 霜 霜 霜 霜

霜							

66

暑

더울 **서**

- 부 日(날 일)
- 획 총13획

한자쓰기

간체자 **暑** shǔ
더위 / 총13획

간체자쓰기

'햇볕이 뜨겁다'라는 뜻을 나타내기 위해, 뜻부분인 '日(해 일)'에 음부분인 '者(사람 자)'를 더해 만든 글자이다. '뜨겁다', '더위', '여름', '더운 계절' 등의 뜻으로 쓰인다.

활용어 **避暑**(피서), **酷暑**(혹서)
유의어 **暖**(따뜻할 난), **溫**(따뜻할 온), **炎**(불꽃 염), **熱**(더울 열)
반의어 **冷**(찰 랭), **凉**(서늘할 량), **寒**(찰 한)

丶 口 日 日 旦 早 早 昇 昇 昇 暑 暑 暑

暑							

丶 口 日 日 旦 早 昇 昇 昇 暑 暑 暑

暑							

昔

예(옛날) **석**

부 日(날 일)

획 총8획

한자쓰기

'옛날에 일어났던 물난리'를 나타내기 위해, '巛(川, 내 천, 물난리의 표시)'과 '日(날 일, 시간의 흐름을 나타냄)'을 합해 만든 글자이다. 파생하여 '옛날', '이전'의 뜻으로 쓰이고 있다.

활용어 昔日(석일), 今昔(금석)

유의어 古(예 고)

반의어 今(이제 금)

한자 성어 今昔之感(금석지감)

一 十 卄 卄 芇 芇 昔 昔

昔							

惜

아낄 **석**

부 忄(心, 마음 심)

획 총11획

한자쓰기

'마음이 아프다'라는 뜻을 나타내기 위해, 뜻부분인 '忄(心, 마음 심)'에 음부분인 '昔(예 석)'을 더해 만든 글자이다. '마음에 찔리는 아픔'에서 '아끼다', '아깝게 여기다', '가엾게 생각하다' 등의 뜻으로 쓰인다.

활용어 惜別(석별), 哀惜(애석)

한자 성어 買占賣惜(매점매석)

丶 丶 忄 忄 忙 忙 忄 忄 惜 惜 惜

惜							

69

設
베풀 **설**

부 言(말씀 언)
획 총11획

한자쓰기

간체자 设 shè
배치하다, 계획하다 / 총6획

간체자쓰기

'일을 차리어 벌이다'라는 뜻을 나타내기 위해, 손에 연장을 든 모습인 '殳(칠 수)'에 일을 잘할 수 있게 타이르고 지시하는 말의 뜻이 담긴 '言(말씀 언)'을 합해 만든 글자이다. 본뜻에서 확대되어 '세우다', '베풀다', '도와주어서 혜택을 받게 하다' 등의 뜻으로 쓰인다.

활용어 **設計**(설계), **建設**(건설)
유의어 **張**(베풀 장), **施**(베풀 시)

丶 亠 亠 言 言 言 言 訒 訒 設 設

設							

丶 讠 讠 讥 讶 设 设

设							

70

損
덜(덜다) **손**

부 扌(手, 손 수)
획 총13획

한자쓰기

간체자 损 sǔn
줄이다, 훼손하다 / 총10획

간체자쓰기

'사물의 수가 줄다'라는 뜻을 나타내기 위해, 뜻부분인 '扌(手, 손 수)'에 음부분인 '員(인원 원, 단체를 이루고 있는 사람들)'을 합해 만든 글자이다. '덜다', '적어지다', '잃다', '손해를 끼치다' 등의 뜻으로 널리 쓰이고 있다.

활용어 **損失**(손실), **損益**(손익)
유의어 **減**(덜 감), **除**(덜 제), **省**(덜 생)
반의어 **加**(더할 가), **增**(더할 증), **得**(얻을 득), **益**(더할 익)
한자 성어 **損者三友**(손자삼우)

一 十 扌 扌 扗 扩 扪 捐 捐 捐 揖 損 損

損							

一 十 扌 扌 扩 扪 捐 捐 损

损							

71

秀

빼어날 **수**

- 부 禾(벼 화)
- 획 총7획

'벼이삭이 패다'라는 뜻을 나타내기 위해, '禾(벼 화)'에 이삭이 나와 꽃이 핀 모습을 나타내는 '乃(孕, 아이 밸 잉의 생략형)'을 합해 만든 글자이다. 본뜻은 거의 쓰이지 않고 '빼어나다', '뛰어나다'라는 뜻으로 쓰이고 있다.

> **활용어** **秀才**(수재), **優秀**(우수)
> **한자 성어** **麥秀之歎**(맥수지탄)

一 二 千 禾 禾 秀 秀

秀							

한자쓰기

72

須

모름지기 **수**

- 부 頁(머리 혈)
- 획 총12획

본래 '턱수염'을 나타내기 위해, '頁(머리 혈)'과 '彡(터럭 삼)'을 합해 만든 글자이다. 후에 '모름지기'라는 뜻을 나타낼 때 더 널리 쓰이게 되었다.

- 본뜻은 '髟(긴 털 표)'를 더해 '鬚(턱수염 수)'를 만들어 나타냈다. 현대 중국어에서는 이 두 글자를 모두 '須'로 통용하고 있다.

> **활용어** **須要**(수요), **必須**(필수)

丿 丿 彡 彡 彡 須 須 須 須 須 須 須

須							

한자쓰기

간체자 须 xū
반드시…해야 한다 / 총9획

丿 丿 彡 彡 彡 须 须 须 须

须							

간체자쓰기

73

壽

목숨 **수**

부 士(선비 사)
획 총14획

'오래 살다'라는 뜻을 나타내는 글자로, 본래의 모습과 생성 과정을 알기 어렵다.
• 노인의 얼굴에 드러난 주름살이 써레질한 밭의 모양과 비슷한 데서 '老(늙을 로)'와 '疇(이랑 주)'를 더해 만든 글자로 보는 견해도 있다.

활용어 **壽命**(수명), **長壽**(장수)
유의어 **命**(목숨 명)
반의어 **夭**(일찍 죽을 요)
한자 성어 **喜壽**(희수), **米壽**(미수), **卒壽**(졸수), **白壽**(백수),
無病長壽(무병장수), **十年減壽**(십년감수)

한자쓰기

一 十 士 土 吉 寺 青 青 青 壽 壽 壽 壽 壽

壽

간체자 **寿** shòu
장수, 수명 / 총7획

간체자쓰기

一 二 三 声 夫 寿 寿

寿

74

誰

누구 **수**

부 言(말씀 언)
획 총15획

'누구'라는 뜻을 나타내기 위해, 뜻부분인 '言(말씀 언)'에 음부분인 '隹(새 추)'를 더해 만든 글자이다. 불특정한 사람을 나타내는 데 쓰인다.

활용어 **誰何**(수하)

한자쓰기

丶 一 亠 三 言 言 言 言 言 訣 訣 訛 訛 誰 誰

誰

간체자 **谁** shéi
누구 / 총10획

丶 讠 讠 讠 讠 诈 诈 谁 谁

谁

간체자쓰기

75

雖
비록 **수**

부 隹(새 추)
획 총17획

✍ 한자쓰기

간체자 **虽** suī
비록 …이지만 / 총9획

✍ 간체자쓰기

'도마뱀과 비슷한 동물'을 나타내기 위해, 뜻부분인 '虫(벌레 훼)'에 음부분인 '唯(오직 유)'를 더해 만든 글자이다. 후에 본뜻으로는 쓰이지 않고 '비록'이라는 뜻으로 쓰이게 되었다.

활용어 雖然(수연)
유의어 若(같을 약)

丶 口 口 口 吕 吕 吊 罟 虽 虽 虽 郢 郢 雖 雖 雖 雖

雖						

丶 口 口 口 吕 吕 吊 罟 虽

虽						

76

叔
아재비(아저씨) **숙**

부 又(또 우)
획 총8획

✍ 한자쓰기

본래는 '콩'을 나타내기 위해, '又(또 우, 오른손)'과 '콩꼬투리를 줍는 모습'인 나머지 부분을 합해 만든 글자이다. 후에 '형제 중의 셋째', '형제의 차례를 나타내는 말'로 쓰이게 되었다.
• 본뜻은 '艹(풀 초)'를 더해 '菽(콩 숙)'을 만들어 나타냈다.

활용어 叔母(숙모), 堂叔(당숙)
한자 성어 伯仲叔季(백중숙계)

丨 丄 丄 才 尗 尗 叔 叔

叔						

77

淑
맑을 **숙**

부 氵(水, 물 수)
획 총11획

✎ 한자쓰기

'물이 맑다'라는 뜻을 나타내기 위해, 뜻부분인 '氵(水, 물 수)'에 음부분인 '叔(아재비 숙)'을 더해 만든 글자이다. '맑다', '착하다'라는 뜻으로 쓰인다.

활용어	淑女(숙녀), 貞淑(정숙)
유의어	淡(맑을 담), 淸(맑을 청)
한자 성어	私淑(사숙)

丶 丶 氵 汁 沙 沙 沫 沫 淑 淑

淑							

78

崇
높을 **숭**

부 山(산 산)
획 총11획

✎ 한자쓰기

'높고 큰 산'을 나타내기 위해, 뜻부분인 '山(메 산, 산봉우리)'에 음부분인 '宗(마루 종, 가장 뛰어난 것)'을 더해 만든 글자이다. '높다', '우러르다', '중시하다' 등의 뜻으로 쓰인다.

활용어	崇拜(숭배), 崇高(숭고)
유의어	上(위 상), 卓(높을 탁), 高(높을 고)
한자 성어	崇禮門(숭례문), 敬神崇祖(경신숭조)

丶 屵 屵 屵 屵 崇 崇 崇 崇 崇

崇							

79

乘
탈(타다) 승

- 부 丿 (삐침 별)
- 획 총10획

한자쓰기

'올라타다'라는 뜻을 나타내기 위해, 나무 위에 올라간 모습을 본떠 만든 글자이다. 본뜻 외에도 '고대에 네 필의 말이 끄는 전차를 세는 단위', '(기회 따위를) 이용하다', '탈 것' 등의 뜻으로 쓰인다.

활용어	乘客(승객), 便乘(편승)
반의어	降(내릴 강), 落(떨어질 락)
한자 성어	千乘之國(천승지국)

丿 二 千 千 壬 乖 乖 乗 乘 乘

乘							

80

施
베풀 시

- 부 方 (모 방)
- 획 총9획

한자쓰기

'깃발이 나부끼다'라는 뜻을 나타내기 위해, 깃발을 뜻하는 '㫃(나부낄 언)'에 음부분인 '也(어조사 야)'를 더해 만든 글자이다. 본뜻에서 확대되어 '베풀다', '펼치다', '실행하다'라는 뜻으로 쓰이고 있다.

| 활용어 | 施設(시설), 實施(실시) |

丶 二 亍 方 方 方 放 施 施

施							

❶ 다음 한자의 뜻과 음을 쓰세요.

(1) 霜 (   )   (2) 暑 (   )

(3) 惜 (   )   (4) 須 (   )

(5) 誰 (   )   (6) 崇 (   )

(7) 施 (   )   (8) 尙 (   )

❷ 다음 한자어의 독음을 쓰세요.

(1) 乘客 (   )   (2) 秀才 (   )

(3) 建設 (   )   (4) 對象 (   )

❸ 다음 한자의 간체자를 보기 에서 골라 쓰세요.

보기	伤	寿	丧	虽

(1) 喪 (   )   (2) 傷 (   )

(3) 壽 (   )   (4) 雖 (   )

❹ 다음 뜻을 가진 사자성어를 보기 에서 골라 그 독음을 쓰세요.

보기	今昔之感	無病長壽	傷弓之鳥

(1) 지금과 옛날의 차이가 너무 심하여 생기는 느낌

　　✎ _____

(2) 한 번 화살에 맞은 새는 구부러진 나무만 보아도 놀란다는 뜻으로, 한 번 혼이 난 일로 늘 의심과 두려운 마음을 품는 것을 이르는 말

　　✎ _____

UNIT 05

3II급
- 한자 81~100
- 복습하기

81

深

깊을 **심**

부 氵(水, 물 수)
획 총11획

한자쓰기

'물이 깊다'라는 뜻을 나타내기 위해, '氵(水, 물 수)'에 '�717(점점 미, 점점 깊이 들어가다)'를 더해 만든 글자이다. '깊다', '깊어지다', '심오하다' 등의 뜻으로 쓰인다.

· '�717'의 옛 글자의 형태는 사람이 불을 손에 들고 동굴 속 깊숙이 들어가는 모습을 본뜬 것이다.

활용어	深刻(심각), 水深(수심)
반의어	淺(얕을 천)
한자 성어	意味深長(의미심장), 深深山川(심심산천)

`丶 丶 氵 氵 氵 沪 沪 沪 浑 深 深

深							

한중한자어 비교

한 **深刻** 심각 : 깊이 새김. 深刻하다 : 상태나 정도가 매우 깊고 중대하다

중 **深刻** shēnkè : 핵심을 찌르다. 본질을 파악하다.

82

顔

얼굴 **안**

부 頁(머리 혈)
획 총18획

한자쓰기

간체자 **颜** yán
얼굴, 면목 / 총15획

간체자쓰기

'양쪽 눈썹 사이 부분', '이마'를 뜻하기 위해, 뜻부분인 '頁(머리 혈)'에 음부분인 '彥(선비 언)'을 더해 만든 글자이다. 후에 본뜻에서 확대되어 '얼굴', '색깔' 등의 뜻으로 쓰이게 되었다.

활용어	顔色(안색), 洗顔(세안)
유의어	容(얼굴 용), 面(낯 면)
한자 성어	顔面不知(안면부지)

`丶 亠 立 立 立 产 产 彦 彦 彦 彦 彦 颜 颜 顔 顔 顔 顔

顔							

`丶 亠 立 立 立 产 产 彦 彦 彦 彦 颜 颜 颜

颜							

83

巖

바위 **암**

부 山(산 산)
획 총23획

한자쓰기

간체자 岩 yán
암석, 바위 / 총8획

간체자쓰기

산에 많은 '바위'를 나타내기 위해, 뜻부분인 '山(메 산, 산봉우리)'에 음부분인 '嚴(엄할 엄)'을 더해 만든 글자이다. 본뜻에서 확대되어 '바위로 이루어진 벼랑', '높고 험하다' 등의 뜻으로도 쓰인다.

활용어 **巖石**(암석), **奇巖**(기암)
유의어 **石**(돌 석)

巖

岩

84

仰

우러를 **앙**

부 亻(人, 사람 인)
획 총6획

한자쓰기

'우러러보다'라는 뜻을 나타내기 위해, '亻(人, 사람 인)'에 우러러보는 모습인 '卬(나 앙)'을 더해 만든 글자이다.

활용어 **崇仰**(숭앙), **信仰**(신앙), **仰望**(앙망)
한자 성어 **仰天大笑**(앙천대소)

仰

85

哀

슬플 **애**

부 口(입 구)
획 총9획

한자쓰기

'몹시 슬퍼하다'라는 뜻을 나타내기 위해, 입을 크게 벌리고 소리 내어 우는 것을 표현한 '口(입 구)'와 흐르는 눈물을 옷깃과 소맷자락으로 닦는 것을 표현한 '衣(옷 의)'를 더해 만든 글자이다.

활용어 **哀惜**(애석), **悲哀**(비애)
유의어 **悲**(슬플 비)
반의어 **喜**(기쁠 희), **樂**(즐길 락), **歡**(기쁠 환)
한자 성어 **喜怒哀樂**(희로애락)

丶 亠 亠 亠 亠 卢 卢 哀 哀

哀							

86

也

어조사 **야**

부 乙(乙, 새 을)
획 총3획

한자쓰기

본래는 '뱀'을 나타내기 위해, 뱀 모습을 본떠 만든 글자였다. 후에 본 뜻보다는 '잇달다', '어조사(~이다, ~느냐?, ~도다, ~구나)'로 더 널리 쓰이게 되었다.
• 판단·결정·의문·반문(反問)·문장 가운데서 잠깐 멈추는 말투를 나타낸다.

활용어 **及其也**(급기야), **必也**(필야)
한자 성어 **獨也靑靑**(독야청청), **言則是也**(언즉시야)

乛 力 也

也							

87

揚

날릴, 오를 **양**

부 扌(手, 손 수)
획 총12획

한자쓰기

간체자 扬 yáng
높이 들다 / 총6획

간체자쓰기

'높이 들다', '위로 올리다'라는 뜻을 나타내기 위해, '扌(手, 손 수)'와 '昜(볕 양)'을 더해 만든 글자이다. 본뜻 외에 확대되어 '휘날리다', '널리 알리다' 등의 뜻으로 쓰인다.

활용어 止揚(지양), 浮揚(부양)
한자 성어 立身揚名(입신양명), 得意揚揚(득의양양), 意氣揚揚(의기양양)

一 扌 扌 扌 扪 押 押 押 捐 揚 揚

揚						

一 扌 扌 扚 扬 扬

扬						

88

讓

사양할 **양**

부 言(말씀 언)
획 총24획

한자쓰기

간체자 让 ràng
양보하다 / 총5획

간체자쓰기

'큰소리로 꾸짖다'라는 뜻을 나타내기 위해, 뜻부분인 '言(말씀 언, 말하다)'에 음부분인 '襄(도울 양)'을 더해 만든 글자이다. 후에 본뜻에서 확대되어 '사양하다', '넘겨주다', '옆으로 피하다', '…하게 하다' 등의 뜻으로 쓰이게 되었다.

활용어 讓步(양보), 移讓(이양), 讓渡稅(양도세), 分讓價(분양가)

丶 亠 宀 彐 彐 訁 訁 訃 訃 訃 詿 誹 誹 諽 諽 讓 讓 讓 讓 讓

讓						

丶 讠 让 让 让

让						

89

於
어조사 **어**

부 方(모 방)
획 총8획

한자쓰기

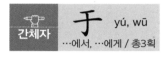

간체자 **于** yú, wū
…에서, …에게 / 총3획

간체자쓰기

본래는 '까마귀'의 모양을 본떠 만든 글자였다. 본뜻으로는 거의 쓰이지 않고 '감탄사·관계·비교를 나타내는 어조사'로 쓰인다.

활용어 **於中間**(어중간), **於此彼**(어차피)
한자 성어 **止於至善**(지어지선)

`丶 一 亐 方 方 於 於 於`

於							

`一 二 于`

于							

90

憶
생각할 **억**

부 忄(心, 마음 심)
획 총16획

한자쓰기

간체자 **忆** yì
기억하다 / 총4획

간체자쓰기

'마음에 남겨두다', '잊지 않다'라는 뜻을 나타내기 위해, 뜻부분인 '忄(心, 마음 심)'에 음부분인 '意(뜻 의)'를 더해 만든 글자이다. '생각하다', '회상하다', '기억하고 있다' 등의 뜻으로 쓰인다.

활용어 **記憶**(기억), **追憶**(추억)
유의어 **想**(생각 상), **念**(생각 념), **思**(생각 사)

`丶 丶 忄 忄 忄 忄 忄 忙 忙 悄 悄 悄 憶 憶 憶 憶`

憶							

`丶 丶 忄 忆`

忆							

91

嚴
엄할 **엄**

(부) 口(입 구)
(획) 총20획

한자쓰기

간체자 严 yán
엄격하다, 심하다 / 총7획

간체자쓰기

'절박하다', '긴급하다'라는 뜻을 나타내기 위해, '吅(부르짖을 훤, 놀라서 지르는 소리)'에 '厂(언덕 엄)'과 '敢(감히 감)'을 더해 만든 글자이다. 후에 본뜻에서 확대되어 '빈틈없다', '엄격하다', '심하다' 등의 뜻으로 쓰이게 되었다.

활용어 嚴格(엄격), 尊嚴(존엄)
한자 성어 嚴冬雪寒(엄동설한)

丨 口 口 吅 吅 吅 严 严 严 严 严 严 严 严 嚴 嚴 嚴 嚴 嚴 嚴

嚴							

一 丆 丌 亚 亚 严 严

严							

92

汝
너 **여**

(부) 氵(水, 물 수)
(획) 총6획

한자쓰기

'강의 이름'을 나타내기 위해, 뜻부분인 '氵(水, 물 수)'에 음부분인 '女(여자 녀)'를 더해 만든 글자이다. 후에 대등한 사람이나 손아랫 사람에 대한 이인칭을 나타내는 대명사로 쓰이게 되었다.

반의어 余(나 여)

丶 丶 氵 汝 汝 汝

汝							

93

余

나 **여**

(부) 人(사람 인)
(획) 총7획

한자쓰기

'나무로 지붕을 받친 작은 집'의 모양을 본뜬 글자이다. 후에 '나'를 나타내는 대명사로 쓰이게 되었다.
• 중국어에서 '余'는 '나'라는 뜻 이외에 '餘(남을 여)'의 간체자로도 쓰여, '나머지', '남다'라는 뜻을 나타내고 있다.

반의어 汝(너 여)

ノ 人 人 今 今 余 余

余							

94

亦

또 **역**

(부) 亠(머리 두)
(획) 총6획

한자쓰기

'겨드랑이'를 나타내기 위해, 두 팔을 벌린 사람 모습인 '大(큰 대)'에 '겨드랑이 부분을 두 점으로 표시'하여 만든 글자이다. 후에 '또', '또한'의 뜻으로 쓰이게 되었다.
• 본뜻은 '月(肉, 고기 육)'을 덧붙인 '腋(겨드랑이 액)'을 만들어 나타냈다.

활용어 亦是(역시), 此亦(차역)
한자 성어 學而時習之不亦說乎(학이시습지불역열호),
有朋自遠方來不亦樂乎(유붕자원방래불역락호)

丶 亠 广 方 亦 亦

亦							

域
지경 역
- 부 土(흙 토)
- 획 총11획

한자쓰기

'일정한 경계 내의 땅'이라는 뜻을 나타내기 위해, 뜻부분인 '土(흙 토)'에 음부분과 '나라'의 뜻을 겸한 '或(혹 혹)'을 더해 만든 글자이다. '나라의 영역', '일정한 범위' 등의 뜻으로 쓰인다.

- 활용어 地域(지역), 區域(구역)
- 유의어 界(지경 계), 區(지경 구)
- 한자 성어 異域萬里(이역만리)

一 十 土 圵 圵 圹 圹 域 域 域

域							

易
바꿀 역, 쉬울 이
- 부 日(날 일)
- 획 총8획

한자쓰기

'주다', '상을 주다'라는 뜻을 나타내기 위해, 갑골문은 '그릇에서 물이 쏟아지는 모습'으로, 금문에서는 '그릇 속에 이미 담긴 물'로 표현된 글자이다. 후에 '변하다', '쉽다'라는 뜻으로 쓰이게 되었다.
- 본뜻은 '易(바꿀 역)'에 '貝(조개 패, 재물)'를 더해 '賜(줄 사)'를 만들어 나타냈다.

- 활용어 交易(교역), 簡易(간이), 難易度(난이도)
- 유의어 化(될 화)
- 한자 성어 易地思之(역지사지)

丨 冂 日 日 尸 昜 昜 易

易							

97

벼루 **연**

부 石(돌 석)
획 총12획

한자쓰기

간체자 砚 yàn
벼루 / 총9획

간체자쓰기

'매끄러운 돌'을 나타내기 위해, 뜻부분인 '石(돌 석)'에 음부분인 '見(볼 견)'을 더해 만든 글자이다. 먹을 가는 돌인 '벼루'를 뜻한다.

한자 성어 **紙筆硯墨**(지필연묵)

一 厂 严 石 石 石 矿 矿 砚 硯 硯 硯

硯						

一 厂 严 石 石 矶 砚 砚 砚

砚						

98

기쁠 **열**

부 忄(心, 마음 심)
획 총10획

한자쓰기

'기쁘다'라는 뜻을 나타내기 위해, 뜻부분인 '忄(心, 마음 심)'에 입을 벌려 기쁘게 웃고 있는 모습을 나타낸 '兌(바꿀 태/기쁠 열)'을 더해 만든 글자이다. '즐겁다', '흐뭇하다', '기쁘게 하다' 등의 뜻으로 쓰인다.

활용어 **悅樂**(열락), **喜悅**(희열)
유의어 **樂**(즐거울 락), **歡**(기뻐할 환), **喜**(기쁠 희)

丶 忄 忄 忄 忄 忄 悦 悦 悦 悅

悅						

炎

불꽃, 불탈 **염**

ㆍ부 火(불 화)
ㆍ획 총8획

한자쓰기

'불길이 활활 타오르는 불꽃' 모양을 나타내기 위해, '火(불 화)' 둘을 겹쳐 나타낸 글자이다. '불꽃', '무덥다', '염증', '아름답다' 등의 뜻으로 확대되어 쓰인다.

활용어 暴炎(폭염), 炎凉(염량)
유의어 溫(따뜻할 온), 暖(따뜻할 난)
반의어 冷(찰 랭), 凉(서늘할 량)

丶 丷 丷 丷 炏 炏 炎 炎

炎							

100

迎

맞을 **영**

ㆍ부 辶(辵, 쉬엄쉬엄 갈 착)
ㆍ획 총8획

한자쓰기

'맞이하다'라는 뜻을 나타내기 위해, 뜻부분인 '辶(辵, 쉬엄쉬엄 갈 착)'에 뜻과 음을 겸하는 '卬(나 앙, 우러러 보다)'을 더해 만든 글자이다. 오는 사람을 '우러러 맞이하다', '…를 향하여'라는 뜻으로 널리 쓰인다.

활용어 迎入(영입), 迎合(영합)
반의어 送(보낼 송)
한자 성어 送舊迎新(송구영신)

丿 ㇄ 卬 卬 卬 卬 迎 迎

迎							

① 다음 한자의 뜻과 음을 쓰세요.

(1) 於 (   )   (2) 哀 (   )

(3) 揚 (   )   (4) 亦 (   )

(5) 域 (   )   (6) 硯 (   )

(7) 悅 (   )   (8) 炎 (   )

② 다음 한자어의 독음을 쓰세요.

(1) 水深 (   )   (2) 交易 (   )

(3) 迎入 (   )   (4) 讓步 (   )

③ 다음 한자의 간체자를 보기 에서 골라 쓰세요.

보기	忆	岩	严	颜

(1) 巖 (   )   (2) 顔 (   )

(3) 嚴 (   )   (4) 憶 (   )

④ 다음 뜻을 가진 사자성어를 보기 에서 골라 그 독음을 쓰세요.

보기 立身揚名	紙筆硯墨	嚴冬雪寒

(1) 출세하여 이름을 세상에 떨침

　　_____

(2) 눈 내리는 깊은 겨울의 심한 추위

　　_____

UNIT 06

3II급
- 한자 101~120
- 복습하기

101

吾
나 오
- 부 口(입 구)
- 획 총7획

한자쓰기

'나'라는 뜻을 나타내기 위해, 뜻부분인 '口(입 구)'에 음부분인 '五(다섯 오)'를 더해 만든 글자이다.

활용어	吾等(오등), 吾人(오인)
유의어	我(나 아)
한자 성어	吾鼻三尺(오비삼척)

一 丁 五 五 吾 吾 吾

吾							

102

悟
깨달을 오
- 부 忄(心, 마음 심)
- 획 총10획

한자쓰기

'분명해지다'라는 뜻을 나타내기 위해, 뜻부분인 '忄(心, 마음 심)'에 음부분인 '吾(나 오)'를 더해 만든 글자이다. '깨닫다', '깨우쳐 주다' 등의 뜻으로 널리 쓰이고 있다.

| 활용어 | 覺悟(각오), 大悟(대오) |
| 유의어 | 覺(깨달을 각) |

丶 丶 忄 忄 忟 悟 悟 悟 悟 悟

悟							

103

烏

까마귀 **오**

부 灬(火, 불 화)
획 총10획

한자쓰기

간체자 **乌** wū

까마귀 / 총4획

간체자쓰기

온몸이 검은 새인 '까마귀'를 나타내기 위해, 까마귀는 검어서 눈이 어디 있는지 알 수 없기 때문에 '鳥(새 조)'의 눈 부분의 한 획을 생략하여 나타냈다. '검다', '검게 물들이다' 뜻 외에, '감탄사, 반문(어찌·어디·어떻게)' 뜻을 나타내는 한자로도 쓰인다.

• 부수는 '鳥(새 조)'가 아니라 예로부터 내려온 관례에 따라 '灬(火, 불 화)'이다.

활용어 烏竹(오죽), 三足烏(삼족오)
유의어 於(어조사 어)
한자 성어 烏合之卒(오합지졸)

´ ｲ ｆ ｆ ｆ 烏 烏 烏 烏 烏

烏						

´ ｸ 乌 乌

乌						

104

瓦

기와 **와**

부 瓦(기와 와)
획 총5획

한자쓰기

두 개의 기와가 겹쳐 있는 모양을 본뜬 글자이다. '기와', '실패', '질그릇' 등 흙으로 구워 만든 물건들과 관련이 있다.

활용어 瓦解(와해), 靑瓦(청와)

一 厂 厂 瓦 瓦

瓦						

105

臥

누울 와

- 부 臣(신하 신)
- 획 총8획

한자쓰기

간체자	卧 wò 눕다 / 총8획

간체자쓰기

'엎드려 쉬다'라는 뜻을 나타내기 위해, 엎드렸을 때의 눈 모양을 나타낸 '臣(신하 신)'에 '人(사람 인)'을 더해 만든 글자이다. '쉬다'라는 뜻에서 확대되어 '눕다', '엎드리다', '잠자리' 등의 뜻으로 널리 쓰이고 있다.

활용어 臥病(와병), 臥床(와상)
한자 성어 臥龍(와룡)

一 丁 丆 丏 臣 臥 臥

臥						

一 丁 丆 丏 臣 卧 卧

卧						

106

曰

말할, 가로 왈

- 부 曰(가로 왈)
- 획 총4획

한자쓰기

목소리를 내어 '말하다'라는 뜻을 나타내기 위해, '口(입 구)'에 입에서 나오는 말을 표시한 '一(한 일)'을 더해 만든 글자이다.

한자 성어 曰可曰否(왈가왈부)

丨 冂 曰 曰

曰						

107

欲
하고자 할 **욕**

㉻ 欠(하품 흠)
획 총11획

한자쓰기

'무엇인가를 하고 싶다'라는 뜻을 나타내기 위해, 뜻부분인 '欠(하품 흠, 입을 벌린 사람의 모양)'에 음부분인 '谷(골 곡)'을 더해 만든 글자이다.

• 본뜻은 '心(마음 심)'을 더해 '慾(욕심 욕)'을 만들어 나타냈다. 현대 중국어에서는 이 두 글자를 모두 '欲'으로 통용하여 쓴다.

활용어 意欲(의욕), 欲望(욕망)
한자 성어 欲求不滿(욕구불만), 欲速不達(욕속부달)

丿 𠂊 𠂎 𠂎 欠 谷 谷 谷 欲 欲 欲

欲						

108

于
어조사 **우**

㉻ 二(두 이)
획 총3획

한자쓰기

본래 막혀 있던 것이 어떤 기운으로 인해 '넘어서다', '넘기다'라는 뜻을 나타내는 글자였다. 본뜻으로는 거의 쓰이지 않고, '~에서, ~부터, ~까지, ~에게' 등을 나타내는 어조사로 쓰인다.

• 현대 중국어에서 '于'는 '於'의 간체자로도 쓰인다.

활용어 于先(우선), 于山國(우산국)

一 二 于

于						

109

尤
더욱 **우**

부 尤(절름발이 왕)
획 총4획

✎ 한자쓰기

본래는 '손에 난 사마귀'를 나타내기 위해, 손 모양인 '又(또 우)'에 사마귀를 표시한 '一(한 일)'을 더해 만든 글자였다. 후에 글자의 모양도 변했으며, 본래 뜻보다는 '특이하다', '더욱이', '과실(허물)', '탓하다' 등의 뜻으로 쓰이게 되었다.

一 ナ 尢 尤

尤							

110

宇
집 **우**

부 宀(집 면)
획 총6획

✎ 한자쓰기

본래 '집의 처마'를 나타내기 위해, 뜻부분인 '宀(집 면)'에 음부분인 '于(어조사 우)'를 더해 만든 글자이다. 확대되어 '모든 공간'을 나타내는 뜻으로 쓰인다.

활용어 **宇宙**(우주), **宇宙船**(우주선)
유의어 **堂**(집 당), **宙**(집 주)
한자 성어 **宇宙萬物**(우주만물)

丶 宀 宀 宀 宁 宇

宇							

111

憂
근심 **우**

부 心(마음 심)
획 총15획

한자쓰기

간체자 忧 yōu
걱정하다, 근심 / 총7획

간체자쓰기

'근심', '걱정'의 뜻을 나타내기 위해, 번잡한 마음을 나타낸 '心(마음 심)'과 생각이 많아 머리가 아프다는 의미를 담은 '頁(머리 혈)'을 더해 만든 글자이다. 후에 고민으로 조급해 하며 머뭇거리는 발걸음을 나타낸 '夂(뒤져올 치)'를 덧붙여 '憂(근심 우)'를 만들어 쓰게 되었다.

활용어	憂患(우환), 憂愁(우수)
유의어	患(근심 환), 愁(근심 수)
한자 성어	憂國之士(우국지사)

一 二 广 万 丙 百 百 直 恴 憂 憂 憂 憂 憂 憂

憂						

丶 丶 忄 忄 忙 忧 忧

忧						

112

云
이를, 말할 **운**

부 二(두 이)
획 총4획

한자쓰기

본래 하늘의 '구름'을 나타낸 글자이다. 후에 '말하다', '이르다'라는 뜻을 나타낼 때 빌어 쓰게 되었다.

• 본뜻은 '雨(비 우)'를 덧붙여 '雲(구름 운)'을 만들어 나타냈다. 현대 중국어에서는 다시 옛글자의 형태인 '云'을 간체자로 쓰고 있다.

| 활용어 | 云云(운운) |

一 二 テ 云

云						

113

怨

원망할 **원**

- 부 心(마음 심)
- 획 총9획

한자쓰기

'원한', '원망하다'라는 뜻을 나타내기 위해, 뜻부분인 '心(마음 심)'에 음부분인 '夗(누워 뒹굴 원)'을 더해 만든 글자이다.
- '夗(누워 뒹굴 원)'은 무릎을 굽히고 옆으로 누워 있는 모습을 본떠 만든 글자이다.

활용어 怨望(원망), 怨聲(원성)

유의어 恨(한 한)

반의어 恩(은혜 은), 惠(은혜 혜)

한자 성어 怨親平等(원친평등), 怨天尤人(원천우인)

ノ ク タ 夘 夗 夗 怨 怨 怨

怨							

114

威

위엄 **위**

- 부 女(여자 녀)
- 획 총9획

한자쓰기

사람을 두렵게 하는 힘의 뜻을 나타내기 위해, '戉(도끼 월, 권위를 나타냄)'과 '女(여자 녀, 겁이 많은 사람을 상징)'를 더해 만든 글자이다. '위엄', '세력', 한 집안의 권력을 잡고 있는 여자인 '시어머니'의 뜻 외에 '두려워하다', '으르다(무서운 말이나 행동으로 위협하다)' 등의 뜻으로 쓰인다.

활용어 威嚴(위엄), 權威(권위)

한자 성어 威風堂堂(위풍당당)

ノ 厂 厂 反 反 反 威 威 威

威							

115

幼

어릴 **유**

부 幺(작을 요)
획 총5획

한자쓰기

'힘이 약하다'라는 뜻을 나타내기 위해, '幺(작을 요, 누에고치에서 방금 나온 가느다란 실)'와 '力(힘 력)'을 더해 만든 글자이다. 확대되어 '(나이가) 어리다', '(생각이나 행동이) 유치하다', '가늘다' 등의 뜻으로 쓰인다.

활용어 幼兒(유아), 幼年(유년)
반의어 老(늙을 로), 長(어른 장)
한자 성어 長幼有序(장유유서)

ㄴ 幺 幺 幻 幼

幼							

116

柔

부드러울 **유**

부 木(나무 목)
획 총9획

한자쓰기

'새로 돋아난 나뭇가지'를 나타내기 위해, 뜻부분인 '木(나무 목)'에 음부분인 '矛(창 모)'를 더해 만든 글자이다. 확대하여 '여리다', '부드럽다', '유연하다' 등의 뜻으로 널리 쓰이고 있다.

활용어 柔弱(유약), 溫柔(온유)
유의어 弱(약할 약)
반의어 強(강할 강)

ㄱ ㄱ ㄱ 子 矛 矛 柔 柔 柔

柔							

본래 '응답하는 소리'를 나타내기 위해, 뜻부분인 '口(입 구)'에 음부분인 '隹(새 추)'를 더해 만든 글자이다. 후에 가차되어, '오직', '다만', '그러나', '그런데' 등의 뜻으로 쓰이고 있다.

활용어 唯心(유심), 唯一(유일)
유의어 但(다만 단), 只(다만 지)
한자 성어 唯一無二(유일무이), 唯我獨尊(유아독존)

丶 丶 口 口 叮 叮 叭 叭 唯 唯 唯

唯							

의심 많은 성질이 있는 '원숭이'를 나타내기 위해, 뜻부분인 '犭(犬, 개 견)'에 음부분인 '酋(우두머리 추)'를 합해 만들어진 글자였다. 후에 확대되어 '망설이다', '머뭇거리다', '같다', '오히려' 등의 뜻으로 널리 쓰이고 있다.

활용어 猶不足(유부족), 猶太人(유태인)
한자 성어 過猶不及(과유불급)

丿 犭 犭 犭 犳 犳 犳 狞 狞 猶 猶 猶

猶							

간체자 犹 yóu
마치, 여전히 / 총7획

丿 犭 犭 犭 犰 犹 犹

犹							

119

遊

놀(놀다) **유**

- 부 辶(辵, 쉬엄쉬엄 갈 착)
- 획 총13획

한자쓰기

간체자 **游** yóu
헤엄치다, 유람하다 / 총12획

간체자쓰기

'이리저리 다니다'라는 뜻을 나타내기 위해, 뜻부분인 '辶(辵, 쉬엄쉬엄 갈 착)'에 음부분인 '斿(깃발 유)'를 합해 나타낸 글자이다. '어슬렁어슬렁 산책하다', '나다니다', '놀다' 등의 뜻으로 쓰인다.

활용어 　遊說(유세), 外遊(외유)
한자 성어 　周遊天下(주유천하), 遊必有方(유필유방)

` ＇ ｒ 方 方 扩 斿 斿 斿 游 游 游 遊

遊						

` ＇ ｚ 氵 氵 浐 浐 浐 浐 浐 游 游

游						

120

儒

선비 **유**

- 부 亻(人, 사람 인)
- 획 총16획

한자쓰기

'너그러운 사람'을 나타내기 위해, '亻(人, 사람 인)'과 '需(쓰일 수, 덕을 베풀다)'를 더해 만든 글자이다. 후에 특히 '공자의 가르침을 받는 사람'을 지칭하는 뜻으로 널리 쓰이게 되었다.

활용어 　儒教(유교), 儒學(유학)
유의어 　士(선비 사)

丿 亻 亻 俨 俨 俨 俨 俨 儒 儒 儒 儒 儒

儒						

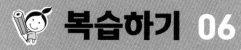

❶ 다음 한자의 뜻과 음을 쓰세요.

(1) 瓦 (　　　　　)　　(2) 臥 (　　　　　)

(3) 曰 (　　　　　)　　(4) 欲 (　　　　　)

(5) 云 (　　　　　)　　(6) 怨 (　　　　　)

(7) 威 (　　　　　)　　(8) 柔 (　　　　　)

❷ 다음 한자어의 독음을 쓰세요.

(1) 覺悟 (　　　　　)　　(2) 宇宙 (　　　　　)

(3) 幼兒 (　　　　　)　　(4) 唯一 (　　　　　)

❸ 다음 한자의 간체자를 보기 에서 골라 쓰세요.

보기	游	忧	乌	犹

(1) 烏 (　　　　　)　　(2) 憂 (　　　　　)

(3) 猶 (　　　　　)　　(4) 遊 (　　　　　)

❹ 다음 뜻을 가진 사자성어를 보기 에서 골라 그 독음을 쓰세요.

보기 欲速不達	過猶不及	長幼有序

(1) 정도를 지나침은 미치지 못함과 같다는 뜻으로, 중용이 중요함을 이르는 말

✍ _____

(2) 일을 빨리하려고 하면 도리어 이루지 못함

✍ _____

UNIT 07

3II급

- 한자 121~140
- 복습하기

121

吟

읊을 **음**

부 口(입 구)
획 총7획

한자쓰기

'신음하다'라는 뜻을 나타내기 위해, 뜻부분인 '口(입 구)'에 음부분인 '今(이제 금)'을 더해 만든 글자이다. 소리를 입 속에 머금고 낮은 소리로 '읊조리다', '읊다' 등의 뜻으로 널리 쓰이고 있다.

활용어 吟味(음미), 吟遊(음유)

丶 丆 口 미 吟 吟 吟

吟							

122

泣

울(울다) **읍**

부 氵(水, 물 수)
획 총8획

한자쓰기

'소리 없이 울다'라는 뜻을 나타내기 위해, 뜻부분인 '氵(水, 흐르는 눈물)'에 음부분인 '立(설 립)'을 더해 만든 글자이다.
• '哭(울 곡)'은 큰소리를 내어 우는 것을, '泣(울 읍)'은 눈물을 흘리며 작은 소리로 우는 것을 나타낸다.

활용어 泣請(읍청), 感泣(감읍)

丶 丶 氵 氵 沪 沪 沪 泣

泣							

議
의논할 **의**

부 言(말씀 언)
획 총20획

한자쓰기

간체자 议 yì
의견, 의논하다 / 총5획

간체자쓰기

'어떤 일에 대하여 서로 의견을 주고받다'라는 뜻을 나타내기 위해, 뜻 부분인 '言(말씀 언)'에 뜻과 음을 겸하는 '義(옳을 의)'를 더해 만든 글자이다.

활용어 議論(의논), 會議(회의)
유의어 論(의논할 론)
한자 성어 不可思議(불가사의)

`ˋ ˊ ˧ ˥ 言 言 言 言 訁 訁 計 詳 詳 詳 詳 詳 議 議 議

議							

`ˋ ㄧ ㄧ 议 议

议							

已
이미 **이**

부 己(몸 기)
획 총3획

한자쓰기

'임신을 하다'라는 뜻을 나타내기 위해, '태아'를 본떠 만든 글자이다. 본뜻에서 가차되어 '이미·따름·그치다' 등의 뜻으로 널리 쓰이고 있다.

활용어 已往(이왕), 不得已(부득이)
유의어 旣(이미 기)
한자 성어 已往之事(이왕지사)

`ㄱ ㄱ 已

已							

125

而

말 이을 이

부 而(말 이을 이)
획 총6획

✍️ **한자쓰기**

본래 '수염' 모양을 본떠 만든 글자이다. 본뜻으로는 쓰이지 않고 말을 이어주는 어조사로 쓰이고 있다.

활용어 形而上學(형이상학), 形而下學(형이하학)
한자 성어 而立(이립)

一 ｢ ｢ 而 而 而

而							

126

忍

참을 인

부 心(마음 심)
획 총7획

✍️ **한자쓰기**

'참다'라는 뜻을 나타내기 위해, 뜻부분인 '心(마음 심)'에 음부분인 '刃(칼날 인)'을 더해 만든 글자이다. '견디다', '잔인하다' 등의 뜻으로 쓰이고 있다.

활용어 忍苦(인고), 忍冬草(인동초)
한자 성어 目不忍見(목불인견)

｢ 刀 刃 刃 忍 忍 忍

忍							

127

慈

사랑 자

부 心(마음 심)
획 총13획

한자쓰기

'아랫사람에게 베푸는 사랑'이라는 뜻을 나타내기 위해, 뜻부분인 '心 (마음 심)'에 음부분인 '玆(이 자)'를 더해 만든 글자이다. '(윗사람이 아랫사람을) 아끼다', '상냥하다', '어질다' 등의 뜻으로 쓰인다.

활용어	慈悲(자비), 慈愛(자애)
유의어	仁(어질 인), 愛(사랑 애)
반의어	憎(미워할 증), 惡(미워할 오)
한자 성어	嚴父慈母(엄부자모), 無緣慈悲(무연자비)

丶 丷 兯 产 兹 兹 兹 兹 兹 兹 慈 慈 慈

慈							

128

腸

창자 장

부 肉(고기 육)
획 총13획

한자쓰기

| 간체자 | 肠 cháng
마음씨, 창자 / 총7획 |

간체자쓰기

'창자'를 나타내기 위해, 뜻부분인 '月(肉, 고기 육)'에 음부분인 '昜(볕 양)'을 더해 만든 글자이다.

| 활용어 | 腸炎(장염), 大腸(대장) |
| 한자 성어 | 斷腸(단장) |

丿 几 月 月 月' 肝 肥 胛 胆 胆 腭 腸 腸

腸							

丿 几 月 月 肕 肠 肠

肠							

哉
어조사 **재**
부 口(입 구)
획 총9획

한자쓰기

'口(입 구)'와 '𢦏(상할 재)'를 더해 만든 글자로, 감탄·의문·반문의 말투나, 어떤 일이 이미 완료된 것 등을 나타내는 어조사로 쓰인다.

활용어 **快哉**(쾌재), **哀哉**(애재)

一 十 土 吉 吉 吉 哉 哉 哉

哉								

130

栽
심을 **재**
부 木(나무 목)
획 총10획

한자쓰기

본래 '담을 쌓기 위해 세워 놓은 널빤지'를 나타낸 것으로, 뜻부분인 '木(나무 목)'에 음부분인 '𢦏(상할 재)'를 더해 만든 글자이다. 후에 본뜻을 확대하여 나무를 '심다', '꽂아 넣다', '모종' 등의 뜻으로 쓰이고 있다 .

활용어 **植栽**(식재)
유의어 **植**(심을 식)

一 十 土 丰 丰 圭 丰 栽 栽 栽

栽								

131

著

드러날 저

부 艹(艸, 풀 초)
획 총13획

한자쓰기

간체자 著 zhù
드러나다, 저술하다 / 총11획

간체자쓰기

'뚜렷하다', '밝게 드러나다'라는 뜻을 나타내기 위해, 뜻부분인 '艹 (艸, 풀 초, 풀의 싹)'와 뜻과 음을 겸하는 '者(사람 자)'를 더해 만든 글자이다. 풀의 싹으로 그 풀이 무슨 풀인지를 알 수 있으므로 '분명하게 드러내다', '두드러지다' 등의 뜻으로도 확대되어 쓰이게 되었다.
• '者(사람 자)'의 갑골문 자형은 '나무를 불태우는 형상'으로 '밝다', '환하다'의 뜻을 담고 있다.

활용어 著書(저서), **名著**(명저)
한자 성어 著名人士(저명인사)

著

一 十 艹 艹 艹 芝 芗 芗 芝 著 著 著

著

132

積

쌓을 적

부 禾(벼 화)
획 총16획

한자쓰기

간체자 积 jī
쌓다, 누적된 / 총10획

간체자쓰기

곡식을 '모으다'라는 뜻을 나타내기 위해, 뜻부분인 '禾(벼 화, 곡식)'에 뜻과 음을 겸하는 '責(꾸짖을 책, 많이 모아둔 것)'을 더해 만든 글자이다.
• '責(책)'은 후에 곡식만 쌓아 두는 것을 나타내는 것에 한하지 않고, 물건 등이 '모이다', '쌓이다'의 뜻으로 확대되어 쓰이고 있다.

활용어 積極(적극), **面積**(면적), 積金(적금)
유의어 貯(쌓을 저)
한자 성어 積土成山(적토성산)

積 ′ ′ 千 禾 禾 禾 禾 禾 秸 秸 秸 秸 積 積 積 積

積

积 ′ ′ 千 禾 禾 禾 和 和 积 积

积

133

錢

돈 전

부 金(쇠 금)
획 총16획

한자쓰기

간체자 钱 qián
돈 / 총10획

간체자쓰기

'금속으로 만든 농기구인 쟁기나 괭이'를 나타내기 위해, 뜻부분인 '金(쇠 금)'에 음부분인 '戔(해칠 잔/자잘할 전)'을 더해 만든 글자이다. 본뜻에서 확대되어 '돈', '화폐', '자금' 등의 뜻으로 쓰이고 있다.

활용어 **錢主**(전주), **金錢**(금전)
한자 성어 **無錢取食**(무전취식)

丿 𠂊 𠂊 ⺈ 亼 亼 余 金 金 釒 鈝 錢 錢 錢 錢 錢

錢							

丿 𠂊 ⺈ ⺈ 钅 钅 钅 钱 钱 钱

钱							

134

轉

구를 전

부 車(수레 차)
획 총18획

한자쓰기

간체자 转 zhuàn zhuǎn
돌다, 회전하다 / 총8획

간체자쓰기

'돌다'라는 뜻을 나타내기 위해, 뜻부분인 '車(수레 거)'에 음부분인 '專(오로지 전)'을 더해 만든 글자이다. '수레바퀴가 구르다'라는 본뜻에서 '둥근 것이 구르는 일', '옮기다', '달라지다', '전하다' 등의 뜻으로 확대되어 쓰이고 있다.

활용어 **轉學**(전학), **運轉**(운전)
유의어 **移**(옮길 이)
한자 성어 **起承轉結**(기승전결)

一 𠃌 冂 冃 日 車 車 車 軒 軒 軥 軥 軥 軥 軥 轉 轉

轉							

一 𠃋 ⺍ 车 车 转 转 转

转							

135

貞
곧을 **정**
- 부 貝(조개 패)
- 획 총9획

한자쓰기

간체자   贞   zhēn
지조가 굳다 / 총6획

간체자쓰기

'점치다'라는 뜻을 나타내기 위해, 뜻부분인 '卜(점 복)'에 음부분인 '貝(鼎, 솥 정의 생략형)'를 더해 만든 글자이다. 후에 '마음이 곧바르다', '지조가 굳다'라는 뜻으로 빌어 쓰이다가 이 뜻이 굳어지게 되었다. 고대 은나라 시대에는 점치는 사람을 '貞人(정인)'이라 하였다.

- **활용어**   **貞淑**(정숙), **貞節**(정절)
- **유의어**   **直**(곧을 직)
- **한자 성어**   **貞觀政要**(정관정요)

丶 卜 卜 广 广 卢 自 貞 貞

貞							

丶 卜 卜 广 贞 贞

贞							

136

淨
깨끗할 **정**
- 부 氵(水, 물 수)
- 획 총11획

한자쓰기

간체자   净   jìng
깨끗하다 / 총8획

간체자쓰기

'깨끗하다'라는 뜻을 나타내기 위해, 뜻부분인 '氵(水, 물 수)'에 음부분인 '爭(다툴 쟁)'을 더해 만든 글자이다.

- **활용어**   **清淨**(청정), **淨水**(정수)
- **유의어**   **潔**(깨끗할 결)
- **한자 성어**   **極樂淨土**(극락정토)

丶 丶 氵 氵 氵 氵 氵 浐 浄 浄 淨

淨							

丶 丶 氵 氵 氵 浐 浄 净

净							

137

頂

정수리, 꼭대기 **정**

부 頁(머리 혈)
획 총11획

한자쓰기

간체자 顶 dǐng
꼭대기, 머리에 이다 / 총8획

간체자쓰기

'머리 꼭대기'를 나타내기 위해, 뜻부분인 '頁(머리 혈)'에 음부분인 '丁(장정 정)'을 더해 만든 글자이다. '꼭대기', '머리로 받치다' 등의 뜻으로 널리 쓰이고 있다.

활용어　頂上(정상), 絕頂(절정)
한자 성어　頂上會談(정상회담)

一 丁 丆 丆 仃 仃 顶 顶 顶 頂 頂

頂

一 丁 丆 丆 仃 顶 顶 顶

顶

138

靜

고요할 **정**

부 靑(푸를 청)
획 총16획

한자쓰기

간체자 静 jìng
조용하다 / 총14획

간체자쓰기

'움직이지 아니하다'라는 뜻을 나타내기 위해, 서로 팽팽히 끌어당기는 모양을 나타내는 '爭(다툴 쟁, 움직임이 없는 상태)'에 음부분인 '靑(푸를 청)'을 더해 만든 글자이다. 본뜻에 확대되어 '조용하다', '고요하다' 등의 뜻으로 널리 쓰이고 있다.

활용어　安靜(안정), 冷靜(냉정)
반의어　動(움직일 동)

一 二 ㆍ 丰 主 青 青 青 靑 靜 靑 靜 靜 靜 靜 靜

靜

一 二 ㆍ 丰 主 青 青 青 青 靜 静 静 静 静

静

139

帝

임금 제

부 巾(수건 건)
획 총9획

한자쓰기

'꽃자루', '꽃꼭지'의 모양을 본떠 만든 글자이다. 본뜻보다는 '군주', '황제', '천신'의 뜻을 나타낼 때 빌어 쓰다가 이 뜻으로 굳어지게 되었다.

활용어 **帝國**(제국), **帝王**(제왕)
유의어 **皇**(임금 황)
반의어 **臣**(신하 신), **民**(백성 민)
한자 성어 **帝國主義**(제국주의)

｀ 一 亠 十 产 产 帝 帝 帝

帝							

140

諸

모두 제

부 言(말씀 언)
획 총16획

한자쓰기

간체자	诸 zhū 온갖, 모든 / 총10획

간체자쓰기

'옳고 그른 것을 가려서 따지는 말'의 뜻을 나타내기 위해, 뜻부분인 '言(말씀 언)'에 음부분인 '者(사람 자)'를 더해 만든 글자이다. '모든', '모두'의 뜻으로 쓰이고 있다.

활용어 **諸島**(제도), **諸君**(제군)
한자 성어 **諸子百家**(제자백가)

｀ 一 二 亖 言 言 言 言 訁 訁 訏 諆 諸 諸 諸 諸

諸							

｀ 亠 讠 讠 诈 诈 诸 诸 诸

诸						

① 다음 한자의 뜻과 음을 쓰세요.

(1) 己 (　　　　　)　　(2) 慈 (　　　　　)

(3) 腸 (　　　　　)　　(4) 栽 (　　　　　)

(5) 著 (　　　　　)　　(6) 貞 (　　　　　)

(7) 頂 (　　　　　)　　(8) 諸 (　　　　　)

② 다음 한자어의 독음을 쓰세요.

(1) 忍苦 (　　　　　)　　(2) 淸淨 (　　　　　)

(3) 安靜 (　　　　　)　　(4) 帝國 (　　　　　)

③ 다음 한자의 간체자를 보기에서 골라 쓰세요.

보기	转	议	钱	积

(1) 議 (　　　　　)　　(2) 積 (　　　　　)

(3) 轉 (　　　　　)　　(4) 錢 (　　　　　)

④ 다음 뜻을 가진 사자성어를 보기에서 골라 그 독음을 쓰세요.

보기	和而不同	勞而無功	積土成山

(1) 애는 썼으나 보람이 없음을 이르는 말

✎ _____

(2) 작거나 적은 것도 쌓이면 크게 되거나 많아짐

✎ _____

UNIT 08

3II급
- 한자 141~160
- 복습하기

141

從 좇을 **종**

부 彳 (천천히 걸을 척)
획 총11획

원래는 '따르다', '좇다'는 뜻을 나타내기 위해, 앞사람을 뒤따르고 있는 두 사람의 모습을 본뜬 '从'으로 나타냈었다. 후에 뜻을 강조하기 위해 '彳(걸을 척, 걷다)'과 '止(그칠 지, 발자국의 모양)'를 더해 지금의 글자 모양이 되었다.

• 현대 중국어에서는 옛 글자인 '从'을 간체자로 사용한다.

활용어 從業員(종업원), 服從(복종)
한자 성어 從心(종심), 面從腹背(면종복배), 類類相從(유유상종)

한자쓰기

' �372彳彳彳彳彳彳彳彳彳彳彳彳彳彳 從

從							

간체자 **从** cóng
좇다 / 총4획

) 人 从 从

从							

간체자쓰기

142

鐘 쇠북 **종**

부 金(쇠 금)
획 총20획

'금속으로 만든 종'을 나타내기 위해, 뜻부분인 '金(쇠 금)'에 음부분인 '童(아이 동)'을 더해 만든 글자이다.

활용어 警鐘(경종), 打鐘(타종)

한자쓰기

/ 𠂆 𠂇 𠂈 𠂉 𠂊 金 金 金 鈩 鈩 鈩 鐘 鐘 鐘 鐘 鐘 鐘 鐘 鐘

鐘							

간체자 **钟** zhōng
종, 시계, 시간 / 총9획

) 𠂉 𠂊 𠂋 钅 钅 钓 钔 钟

钟							

간체자쓰기

143

宙
집 주

부 宀(집 면)
획 총8획

본래 '집의 기둥', '대들보'를 나타내기 위해, 뜻부분인 '宀(집 면)'에 음부분인 '由(말미암을 유)'를 더해 만든 글자이다. 후에 과거·현재·미래의 '무한한 시간'을 나타내는 뜻으로 확대되어 쓰이고 있다. '宇(집 우)'는 '모든 공간'을 나타낸다.

· '宇宙(우주)'는 무한한 시간과 공간을 아우르는 말이다.

활용어 宇宙(우주), 宇宙船(우주선)
유의어 宇(집 우), 院(집 원)
한자 성어 宇宙工學(우주공학), 宇宙産業(우주산업)

丶 丶 宀 宀 宁 宁 宙 宙

宙							

한자쓰기

144

酒
술 주

부 酉(닭 유)
획 총10획

곡식이나 과일을 발효시켜 만든 '술'을 나타내기 위해, 술이 담긴 그릇을 본뜬 '酉(술그릇 유)'에 '氵(水, 물 수)'를 덧붙여 액체로 된 술을 표현했다.

활용어 酒店(주점), 飮酒(음주)

丶 丶 氵 氵 沪 沪 洒 洒 酒 酒

酒							

한자쓰기

145

準

준할, 법도 **준**

부 氵(水, 물 수)
획 총13획

한자쓰기

간체자	准 zhǔn
	허락하다, 표준 / 총10획

간체자쓰기

'물의 표면이 평평하고 고른 것'을 나타내기 위해, 뜻부분인 '氵(水, 물수)'에 음부분인 '隼(송골매 준)'을 더해 만든 글자이다. 확대하여 '준하다', '본보기로 삼다' 등의 뜻으로 쓰인다.

활용어 **基準**(기준), **水準**(수준)

丶 丶 氵 氵 氵 氵 汀 汁 汁 淮 淮 淮 準

準							

丶 丶 氵 丬 丬 丬 汁 汁 准 准

准							

146

卽

곧 **즉**

부 卩(병부 절)
획 총9획

한자쓰기

간체자	即 jí
	곧, 다가가다 / 총7획

간체자쓰기

'곧 먹다'라는 뜻을 나타내기 위해, '먹을 것이 풍성하게 담긴 그릇'을 표현하는 '皀(고소할 급)'과 그 앞에 무릎 꿇고 있는 사람을 나타내는 '卩(병부 절)'을 더해 만든 글자이다. '곧', '바로', '가까이 가다', '자리에 나아가다' 등의 뜻으로 확대되어 쓰인다.

활용어 **卽席**(즉석), **卽位**(즉위)

丶 丨 白 白 白 皀 皀 卽 卽

卽							

フ ヨ ヨ 艮 艮 即 即

即							

147

曾
일찍 증

부 曰(가로 왈)
획 총12획

한자쓰기

'시루'를 나타내기 위해, '물이 담긴 밑바닥 부분의 그릇'을 나타내는 '曰'에 '구멍이 뚫린 깔개'를 나타내는 가운데 부분, 그 위에 '김이 오르는 모양'을 나타내는 'ハ'을 합해 만든 글자이다. 본뜻보다는 '거듭', '겹치다', '일찍이' 등의 뜻을 나타낼 때 빌어 쓰게 되었다.

• 본뜻인 '시루'는 '瓦(질그릇 와)'를 더해 '甑(시루 증)'을 만들어 나타냈다.

활용어　曾祖父(증조부), 未曾有(미증유)

丷 ハ 八 台 台 台 曾 曾 曾 曾 曾 曾

曾							

148

證
증거 증

부 言(말씀 언)
획 총19획

한자쓰기

간체자　証　zhèng
증명하다 / 총7획

간체자쓰기

'웃어른이나 임금에게 옳지 못하거나 잘못된 일을 고치도록 말하다'라는 뜻을 나타내기 위해, 뜻부분인 '言(말씀 언, 말하다)'에 음부분인 '登(오를 등)'을 더해 만든 글자이다. '증거를 삼을 만한 일', '증명서', '증상' 등의 뜻으로 쓰인다.

활용어　證明(증명), 保證(보증)

丶 亠 亍 言 言 言 言 言 言 訟 訟 訟 證 證 證 證 證

證							

丶 讠 证 证 证 证 证

証							

149

只

다만 **지**

부 口(입 구)
획 총5획

한자쓰기

'말하는 입 모양'을 나타내는 '口'와 '말이 끝나고 숨이 갈라져 흩어지는 모양'을 나타내는 '八'을 합해 만든 글자이다. 문장 끝에서 말투를 나타내는 말로 쓰이기도 하고, '다만'이라는 뜻을 나타낼 때 빌어 쓰기도 한다.

활용어 只今(지금), 但只(단지)

丨 口 口 只 只

只							

150

枝

가지 **지**

부 木(나무 목)
획 총8획

한자쓰기

'나무줄기에서 갈려 나온 가지'의 뜻을 나타내기 위해, 뜻부분인 '木(나무 목)'에 음부분인 '支(가를 지)'를 더해 만든 글자이다.

활용어 枝葉(지엽), 枝葉的(지엽적)
한자 성어 金枝玉葉(금지옥엽), 連理枝(연리지)

一 十 才 木 朼 朾 材 枝

枝							

151

智

슬기(지혜) **지**

부 日(날 일)
획 총12획

'세상을 두루 밝게 안다'라는 뜻을 나타내기 위해 뜻부분인 '日(해 일)'에 음부분인 '知(알 지)'를 더해 만든 글자이다. '풍부한 지식과 사물의 이치를 분명히 알다'는 뜻이다.

활용어 **智德體**(지덕체), **智慧**(지혜)

한자쓰기

丿 𠂉 𠂉 矢 矢 矢 知 知 知 智 智 智

智							

152

盡

다할 **진**

부 皿(그릇 명)
획 총14획

'손에 솔을 들고 그릇을 닦는 모습'을 본떠 만든 글자이다. '그릇 속이 이미 비어있다'는 뜻에서, 후에 '다하다', '남김없이', '최고에 달하다' 등의 뜻으로 확대되어 쓰이게 되었다.

활용어 **盡力**(진력), **賣盡**(매진)

유의어 **窮**(다할 궁), **極**(다할 극)

한자 성어 **苦盡甘來**(고진감래), **無窮無盡**(무궁무진)
盡善盡美(진선진미), **盡人事待天命**(진인사대천명)

한자쓰기

フ ㇇ 𦘒 聿 聿 聿 聿 肀 盡 盡 盡 盡 盡 盡

盡							

간체자 **尽** jin
다하다 / 총6획

간체자쓰기

フ コ 尸 尺 尽 尽

尽							

153
잡을 **집**
부 土(흙 토)
획 총11획

한자쓰기

간체자 **执** zhí
잡다, 장악하다 / 총6획

간체자쓰기

'죄인을 체포하다'라는 뜻을 나타내기 위해, '수갑'을 나타내는 '幸(다행 행)'과 '꿇어 앉아 두 손을 내밀고 있는 모양'을 나타내는 '丸(丮, 잡을 극)'을 더해 만든 글자이다. 본뜻에서 확대되어 '잡다', '맡아 다스리다', '처리하다' 등의 뜻으로 쓰이고 있다.

활용어 **執着**(집착), **執權**(집권)
유의어 **操**(잡을 조)
한자 성어 **固執不通**(고집불통)

一 十 土 去 去 去 幸 幸 勒 執 執

執						

一 十 扌 扌 执 执

执						

154
또 **차**
부 一(한 일)
획 총5획

한자쓰기

'조상'의 뜻을 나타내기 위해, '남성의 생식기 모양'을 본떠 만든 글자이다. 후에 '또', '가령', '구차하다' 등의 뜻을 나타낼 때 빌어 쓰이다가 이 뜻으로 굳어지게 되었다.

• 본뜻은 '示(보일 시)'를 더해 '祖(조상 조)'를 만들어 나타냈다.

활용어 **重且大**(중차대)

丨 冂 冃 月 且

且						

155

此

이(이곳) **차**

부 止(그칠지)
획 총6획

한자쓰기

'사람이 정지한 곳'을 나타내기 위해, '止(그칠 지, 발자국)'와 사람의 반대 모습을 표현한 'ヒ(비수 비)'를 더해 만든 글자이다. 후에 본뜻보다는 '여기', '이', '이것' 등의 뜻으로 쓰이고 있다.

활용어 　此後(차후), 彼此(피차)
반의어 　彼(저 피)
한자 성어 　此日彼日(차일피일), 於此彼(어차피)

丨 ⺊ ⺊ 止 此 此

此							

156

借

빌릴 **차**

부 亻(人, 사람 인)
획 총10획

한자쓰기

'사람이 임시로 무엇인가를 하다'라는 뜻을 나타내기 위해, 뜻부분인 '亻(人, 사람 인)'에 음부분인 '昔(예 석)'을 더해 만든 글자이다. '남의 힘이나 돈을 빌리다', '핑계 삼다' 등의 뜻으로 쓴다.
· '昔(예 석)'은 홍수가 일어난 날짜를 표시하여 '지나간 때'를 나타낸 글자이다.

활용어 　借名(차명), 假借(가차)
유의어 　假(빌릴 가)

丿 亻 亻 俨 俨 供 借 借 借 借

借							

157

昌

창성할 **창**

- 부 日(날 일)
- 획 총8획

한자쓰기

'정당하다', '옳다'라는 뜻을 나타내기 위해, '日(해 일)'과 '曰(가로 왈)'을 합해 만든 글자이다. '널리 흥성하다', '번창하다' 등의 뜻으로 쓰인다.

활용어	昌盛(창성), 昌言(창언)
유의어	發(필 발), 盛(성할 성), 起(일어날 기), 興(일 흥)
한자 성어	昌慶宮(창경궁), 昌言正論(창언정론)

丨 冂 冃 日 尸 厚 昌 昌

昌							

158

採

캘(캐다) **채**

- 부 扌(手, 손 수)
- 획 총11획

한자쓰기

간체자 **采** cǎi
따다, 수집하다 / 총8획

간체자쓰기

'나무 열매를 따다'라는 뜻을 나타내기 위해, '爫(손톱 조, 손)'와 '木(나무 목, 果의 생략형)'을 더해 만든 글자였다. 후에 손의 작용을 나타내는 '扌(手, 손 수)'를 덧붙여 '모으다', '가려내다'라는 뜻을 표현했다.
· 현대 중국어에서 '採'는 '采'로 간략하게 만들어 사용하고 있다.

| 활용어 | 採用(채용), 採集(채집) |

一 扌 扌 扩 扩 扩 扩 扙 採 採

採							

丿 ㇏ ㇏ 爫 ㄗ 平 采 采

采							

159

菜
나물 채
- 부 ⺾(艸, 풀 초)
- 획 총12획

한자쓰기

'채소'를 나타내기 위해, 뜻부분인 '⺾(艸, 풀 초)'에 음부분인 '采(캘 채)'를 더해 만든 글자이다.

활용어 菜食(채식), 菜素(채소), 野菜(야채)

丶 ⺊ ⺊⺊ ⺾ ⺿ 艹 芯 苎 苹 苹 菜

菜							

160

妻
아내 처
- 부 女(여자 녀)
- 획 총8획

한자쓰기

'아내'의 뜻을 나타내기 위해, '긴 머리카락을 가진 여인의 모습'을 나타내는 '女(여자 녀)'에 손을 나타내는 'ㅋ(又, 또 우)'를 합해 만든 글자이다. '정식으로 장가들어 얻은 아내'를 지칭하며, '시집보내다', '아내로 삼다'라는 뜻으로도 쓰인다.

활용어 妻家(처가), 妻子(처자)
유의어 婦(아내 부)
반의어 夫(지아비 부)
한자 성어 賢母良妻(현모양처), 一夫一妻(일부일처)

一 ㅋ ㅋ ㅋ 丰 妻 妻 妻

妻							

① 다음 한자의 뜻과 음을 쓰세요.

(1) 宙 (   )   (2) 卽 (   )

(3) 曾 (   )   (4) 證 (   )

(5) 枝 (   )   (6) 智 (   )

(7) 借 (   )   (8) 妻 (   )

② 다음 한자어의 독음을 쓰세요.

(1) 採集 (   )   (2) 彼此 (   )

(3) 打鐘 (   )   (4) 只今 (   )

③ 다음 한자의 간체자를 보기 에서 골라 쓰세요.

보기	准	执	钟	尽

(1) 盡 (   )   (2) 執 (   )

(3) 鐘 (   )   (4) 準 (   )

④ 다음 뜻을 가진 사자성어를 보기 에서 골라 그 독음을 쓰세요.

보기	苦盡甘來	類類相從	老馬之智

(1) 쓴 것이 다하면 단 것이 온다는 뜻으로, 고생 끝에 즐거움이 옴을 이르는 말

✎ ―――――――――――――――――――――

(2) 늙은 말의 지혜라는 뜻으로, 연륜이 깊으면 나름의 장점과 특기가 있음

✎ ―――――――――――――――――――――

UNIT 09

3II급
- 한자 161~180
- 복습하기

161

尺

자 척

부 尸(주검 시)
획 총4획

한자쓰기

'길이의 단위'를 나타내기 위해, '尸(주검 시, 걸터앉은 사람의 형상)'
와 기호를 나타내는 '乙(새 을)'을 더해 만든 글자이다. '尺(자 척)'은
'종아리에서 지면까지의 길이'를 나타내는 단위로, '한 치(寸)'의 열 배
이다.

활용어 **尺度**(척도), **尺寸**(척촌)
한자 성어 **三尺童子**(삼척동자)

ㄱ ㄱ 尸 尺

尺							

162

泉

샘 천

부 水(물 수)
획 총9획

한자쓰기

원래는 '샘에서 물이 솟아나는 모양'을 본뜬 모양이었다. 후에 글자 모
양을 갖추기 위해 맑고 깨끗함을 상징하는 '白(흰 백)'과 '水(물 수)'를
더한 '泉(샘 천)'으로 쓰이게 되었다. '샘', '샘물', '저 세상'을 뜻한다.

활용어 **源泉**(원천), **溫泉**(온천)
한자 성어 **黃泉**(황천)

丿 亻 白 白 白 身 身 泉 泉

泉							

163

淺
얕을 **천**

부 氵(水, 물 수)
획 총11획

한자쓰기

간체자 浅 qiǎn
얕다, 좁다 / 총8획

간체자쓰기

'물이 깊지 않다'라는 뜻을 나타내기 위해, '氵(水, 물 수)'와 '戔(해칠 잔/쌓일 전)'을 더해 만든 글자이다. '戔(해칠 잔)'은 '창과 같은 날붙이로 상처 내는 일'을 뜻하는 데, 이 글자가 결합된 글자는 '작다', '적다'의 뜻이 공통으로 담겨 있다. 물이 적은 것으로 '얕음'의 뜻을 나타냈다.

활용어 淺學(천학), 深淺(심천)
반의어 深(깊을 심)

丶 丶 氵 氵 汸 浅 浅 浅 淺 淺 淺

淺						

丶 丶 氵 氵 氵 汖 浅 浅

浅						

164

晴
갤(개다) **청**

부 日(날 일)
획 총12획

한자쓰기

'(날씨가) 개다'라는 뜻을 나타내기 위해, 뜻부분인 '日(해 일)'에 음부분인 '靑(푸를 청)'을 더해 만든 글자이다.

활용어 晴天(청천), 快晴(쾌청)

丨 冂 日 日 日⁻ 日² 日³ 昈 晄 晴 晴 晴

晴						

165

招

부를 **초**

부 扌(手, 손 수)
획 총8획

한자쓰기

'부르다'라는 뜻을 나타내기 위해, 뜻부분인 '扌(手, 손 수)'에 음부분인 '召(부를 소)'를 더해 만든 글자이다. '召(부를 소)'는 소리를 내어 불러들이는 것을, '招(부를 초)'는 손짓으로 사람을 불러 오게 하는 일을 구체적으로 표현한 것이다.

활용어 **招來**(초래), **招請**(초청)

一 十 扌 刧 扣 扣 招 招

招							

166

總

다, 거느릴 **총**

부 糸(가는 실 사)
획 총17획

한자쓰기

간체자 **总** zǒng
총괄하다 / 총9획

간체자쓰기

'다 모아서 실로 묶어 합치다'라는 뜻을 나타내기 위해, 뜻부분인 '糸(가는 실 사, 실타래)'에 음부분인 '悤(바쁠 총)'을 더해 만든 글자이다. '합치다', '늘', '전부의', '거느리다' 등의 뜻으로 쓰인다.

활용어 **總力**(총력), **總合**(총합)
유의어 **皆**(다 개)

ˊ ⸀ ⸝ 幺 糸 糸 糸 糸' 紂 紓 約 納 納 總 總 總 總

總																

丶 丷 丷 ⺍ 屵 呂 总 总 总

总								

167

追

쫓을, 따를 **추**

부 辶(辵, 쉬엄쉬엄 갈 착)
획 총10획

한자쓰기

'적의 뒤를 쫓아 나아가다'라는 뜻을 나타내기 위해, 뜻부분인 '辶(辵쉬엄쉬엄 갈 착)'에 음부분인 '𠂤(언덕 퇴)'를 더해 만든 글자이다. '𠂤(언덕 퇴)'는 '군대가 모여 있는 언덕'을 말한다. 후에 '따지다', '추구하다', '추억하다' 등의 뜻으로 확대되어 쓰이고 있다.

활용어 追憶(추억), 追求(추구)
한자 성어 追友江南(추우강남)

ノ ィ ㅐ �首 𠂤 𠂤 𠂤 追 追 追

追						

168

推

밀, 옮을 **추[퇴]**

부 扌(手, 손 수)
획 총11획

한자쓰기

'밖으로 밀다'라는 뜻을 나타내기 위해, 뜻부분인 '扌(手, 손 수)'에 음부분인 '隹(새 추)'를 더해 만든 글자이다. '손으로 밀다'라는 뜻 외에 '옮기다', '짐작하다', '넓히다' 등의 뜻으로 확대되어 쓰인다.

활용어 推進(추진), 類推(유추)
반의어 引(당길 인)
한자 성어 推敲(퇴고), 與世推移(여세추이)

一 十 扌 扩 扩 扩 扩 抖 拼 推 推

推						

169

吹

불(불다) **취**

부 口(입 구)
획 총7획

한자쓰기

'입으로 힘껏 불다'라는 뜻을 나타내기 위해, '口(입 구)'와 숨을 내쉬는 모습을 표현한 '欠(하품 흠)'을 더해 만든 글자이다. '숨을 내뿜다', '악기 따위를 불다', '과장하다' 등의 뜻으로 쓰인다.

활용어 吹入(취입), 吹打(취타)

丿 丿 口 吹 吹 吹 吹

吹							

170

就

이룰, 나아갈 **취**

부 尤(절름발이 왕)
획 총12획

한자쓰기

'특별히 높다'라는 뜻을 나타내기 위해, '京(서울 경, 높은 언덕)과 '尤(더욱 우, 높은 곳에 다다르려는 손 모양)'를 더해 만든 글자이다. 확대하여 '나아가다', '이루다', '닿다', '완성되다', '곧' 등의 뜻으로 쓰인다.

활용어 就業(취업), 成就(성취)
한자 성어 所願成就(소원성취), 日就月將(일취월장)

丶 二 亠 亩 亩 京 京 京 就 就 就

就							

171

層
층 층
부 尸(주검 시)
획 총15획

한자쓰기

간체자 层 céng
층, 겹 / 총7획

간체자쓰기

'지붕 위에 지붕이 겹친 건물'의 뜻을 나타내기 위해, '广(집 엄)'이 변형된 글자인 '尸(주검 시)'와 '曾(거듭 증, 찬합 모양처럼 여러 층으로 된 그릇)'을 더해 만든 글자이다. 확대하여 '겹친 것', '서로 사이가 생기는 등급', '층계' 등을 뜻하게 되었다.

활용어 階層(계층), 深層(심층)
유의어 階(섬돌 계)
한자 성어 上流層(상류층), 低所得層(저소득층), 各界各層(각계각층)

ㄱ ㄱ ㄹ 尸 尸 尸 尺 尽 局 屈 屈 届 層 層 層

層

ㄱ ㄱ ㄹ 尸 尸 尸 层 层

层

172

泰
클(크다), 넉넉할 태
부 水(水, 물 수)
획 총10획

한자쓰기

'양손으로 물을 뿌리며 목욕하는 모습'을 나타내기 위해, '水(水, 물 수)'와 '양손 모양'을 나타내는 '廾(받들 공)', '정면을 향한 사람'을 나타내는 '大(큰 대)'를 더해 만든 글자이다. 본뜻 '목욕하다'에서 확대하여 '편안하다', '지극히', '너무나' 등의 뜻으로 쓰인다.

활용어 泰山(태산), 泰國(태국)
한자 성어 天下泰平(천하태평), 泰然自若(태연자약), 泰山北斗(태산북두)
萬事太平(만사태평)

一 二 三 丰 夫 夫 泰 泰 泰 泰

泰

173

痛
아플 **통**
부 疒(병들 녁)
획 총12획

한자쓰기

'(몸이나 마음이) 아프다'라는 뜻을 나타내기 위해, 뜻부분인 '疒(병들 녁, 병상에 드러누운 모양)'에 음부분인 '甬(솟아오를 용)'을 더해 만든 글자이다.

활용어　痛快(통쾌), 苦痛(고통)

丶　亠　广　广　疒　疒　疒　疒　病　病　痛　痛

痛							

174

投
던질 **투**
부 扌(手, 손 수)
획 총7획

한자쓰기

'던지다'라는 뜻을 나타내기 위해, 뜻부분인 '扌(手, 손 수)'에 음부분인 '殳(몽둥이 수)'를 더해 만든 글자이다. '(편지·원고 따위를) 부치다', '뛰어들다', '서로 잘 맞다' 등의 뜻으로 확대되어 쓰인다.

활용어　投手(투수), 投票(투표)
반의어　打(칠 타)
한자 성어　漢江投石(한강투석), 以卵投石(이란투석), 意氣投合(의기투합)
　　　　　全力投球(전력투구)

一　十　扌　扌　扞　投　投

投							

篇

책 편

부 竹(대 죽)
획 총15획

한자쓰기

'처음과 끝이 갖추어진 문장'을 나타내기 위해, 기록을 남길 수 있는 재료인 '竹(대 죽)'에 음부분인 '扁(넓적한 편)'을 더해 만든 글자이다. '완결된 책', '일정한 형식을 갖춘 문장을 세는 단위' 등으로 쓰인다.

활용어 玉篇(옥편), 長篇(장편)
한자 성어 千篇一律(천편일률)

ノ ト ト ケ 竺 竺 竺 笀 笄 芦 芦 篤 篤 篤 篇

篇							

胞

세포 포

부 月(肉, 고기육)
획 총9획

한자쓰기

'뱃속의 아이를 싸고 있는 막'을 나타내기 위해, '月(肉, 고기 육)'에 음부분인 '包(쌀 포)'를 더해 만든 글자이다.

활용어 細胞(세포), 同胞(동포)
한자 성어 四海同胞(사해동포)

ノ 刀 月 月 月' 肕 朐 朐 胞

胞							

177

楓

단풍 **풍**

- 부 木(나무 목)
- 획 총13획

한자쓰기

간체자 **枫** fēng
단풍나무 / 총8획

간체자쓰기

'단풍나무'를 나타내기 위해, 뜻부분인 '木(나무 목)'에 음부분인 '風(바람 풍)'을 더해 만든 글자이다.

활용어 **楓葉**(풍엽), **丹楓**(단풍)

一 十 才 木 木 机 机 机 枫 枫 枫 楓 楓

楓						

一 十 才 木 木 机 枫 枫

枫						

178

豐

풍년 **풍**

- 부 豆(콩 두)
- 획 총13획

한자쓰기

간체자 **丰** fēng
풍부하다 / 총4획

간체자쓰기

'풍성하다'라는 뜻을 나타내기 위해, '굽 높은 제사 그릇'을 나타내는 '豆(제기 두)'와 그 위에 '음식을 담아 올린 모양'을 본뜬 '曲(굽을 곡)'을 합해 만든 글자이다. 음식물이 무성하게 쌓여 있는 것으로부터 '풍성하다', '풍부하다', '풍년'의 뜻이 파생되었다.

· '풍년 풍'의 본래 글자는 '豐(풍년 풍)'이며, 현대 중국어에서는 '丰'을 간체자로 쓴다.
· 豊(제기 례/풍년 풍)은 제사지낼 때 의식용으로 쓰이는 굽 달린 그릇으로 '豐'을 대신하여 쓰게 되었다.

활용어 **豊盛**(풍성), **豊年**(풍년), **豊漁祭**(풍어제)
유의어 **吉**(길할 길), **足**(넉넉할 족), **餘**(남을 여)
반의어 **凶**(흉할 흉)

丶 冂 冂 曲 曲 曲 曲 豐 豐 豐 豐 豐 豐

豊						

一 二 三 丰

丰						

179

皮
가죽 피

부 皮(가죽 피)
획 총5획

한자쓰기

'짐승으로부터 벗긴 그대로의 가죽'을 나타내기 위해, 손(又)으로 짐승의 가죽을 벗기는 모습을 본떠 만든 글자이다. '가죽', '물체의 겉 부분', '껍질' 등의 뜻으로 쓰인다. 부수자이다.

활용어 毛皮(모피), 表皮(표피)

반의어 骨(뼈 골)

한자 성어 虎死留皮(호사유피), 羊質虎皮(양질호피), 鐵面皮(철면피)
皮骨相接(피골상접), 草根木皮(초근목피)

丿 厂 广 皮 皮

皮							

180

彼
저(저곳) 피

부 彳 (천천히 걸을 척)
획 총8획

한자쓰기

'밖을 향해 걷다'라는 뜻을 나타내기 위해, 뜻부분인 '彳(천천히 걸을 척, 길을 나타냄)'에 음부분인 '皮(가죽 피)'를 더해 만든 글자이다. 가차하여 멀리 있는 곳을 가리키는 '저쪽', '그', '저', '상대방' 등의 뜻으로 쓰이게 되었다.

활용어 彼此(피차), 彼我(피아)

반의어 此(이 차)

한자 성어 知彼知己(지피지기), 此一時彼一時(차일시피일시)
於此彼(어차피)

丿 彡 彳 彳 彳 彷 彼 彼 彼

彼							

❶ 다음 한자의 뜻과 음을 쓰세요.

(1) 尺 (   )   (2) 泉 (   )

(3) 淺 (   )   (4) 晴 (   )

(5) 推 (   )   (6) 吹 (   )

(7) 痛 (   )   (8) 皮 (   )

❷ 다음 한자어의 독음을 쓰세요.

(1) 投手 (   )   (2) 成就 (   )

(3) 招來 (   )   (4) 追憶 (   )

❸ 다음 한자의 간체자를 보기 에서 골라 쓰세요.

보기	枫	总	丰	层

(1) 層 (   )   (2) 總 (   )

(3) 楓 (   )   (4) 豊 (   )

❹ 다음 뜻을 가진 사자성어를 보기 에서 골라 그 독음을 쓰세요.

보기	知彼知己	彼此一般	漢江投石

(1) 적의 사정과 나의 사정을 자세히 앎

   ✍ _____

(2) 한강에 돌 던지기라는 뜻으로, 지나치게 미미하여 아무런 효과를 미치지 못함을 이르는 말

   ✍ _____

UNIT 10

3II급
- 한자 181~200
- 복습하기

181

疲

지칠 피

부 疒(병들 녁)
획 총10획

✍ 한자쓰기

'지치다'라는 뜻을 나타내기 위해, 뜻부분인 '疒(병들 녁)'에 음부분인 '皮(가죽 피)'를 더해 만든 글자이다.

활용어 ▶ **疲困**(피곤), **疲勞**(피로)
유의어 ▶ **困**(곤할 곤)

丶 亠 广 广 广 疒 疒 疒 疖 疳 疲

疲							

182

匹

짝 필

부 匸(감출 혜)
획 총4획

✍ 한자쓰기

'옷감 한 필이 접어져 있는 모양'을 본뜬 글자이다. '베나 비단 등 옷감의 길이를 세는 단위'로 쓰이다가, 여기에서 '짝', '평범한 사람', '맞서다', '말·노새 등의 가축을 세는 단위' 등의 뜻으로 확대되어 쓰이게 되었다.

활용어 ▶ **匹敵**(필적), **配匹**(배필)
한자 성어 ▶ **匹夫匹婦**(필부필부), **匹夫之勇**(필부지용)

一 丆 兀 匹

匹							

何

어찌 하

- 부 亻(人, 사람 인)
- 획 총7획

한자쓰기

본래 '짐을 메고 있는 사람의 모양'을 본뜬 글자이다. 후에 자형이 변하여 뜻부분인 '亻(人, 사람 인)'에 음부분인 '可(옳을 가)'를 더해, '의문'을 나타내는 뜻으로 쓰인다.

- 본뜻인 '메다', '지다'라는 글자는 '艹(풀 초)'를 더해 만든 '荷(연잎 하)'를 빌어 쓰게 되었다.

활용어 何必(하필), 何如歌(하여가)
한자 성어 何待明年(하대명년)

ノ 亻 亻 亻 何 何 何

何							

賀

하례할 하

- 부 貝(조개 패)
- 획 총12획

한자쓰기

간체자 贺 hè
축하하다 / 총9획

간체자쓰기

'예물을 보내 축하하다'라는 뜻을 나타내기 위해, 뜻부분인 '貝(조개 패, 재물)'에 음부분인 '加(더할 가)'를 더해 만든 글자이다.

활용어 祝賀(축하), 致賀(치하)
유의어 慶(경사 경)

フ カ カ 加 加 智 智 智 智 賀 賀

賀							

フ カ カ 加 加 加 贺 贺 贺

贺							

185

恨
한 **한**

부 忄(心, 마음 심)
획 총9획

한자쓰기

'마음에 남는 섭섭함'의 뜻을 나타내기 위해, 뜻부분인 '忄(心, 마음 심)'에 음부분인 '艮(그칠 간)'을 더해 만든 글자이다.

활용어	怨恨(원한), 痛恨(통한)
유의어	怨(원망할 원)
반의어	恩(은혜 은), 惠(은혜 혜)
한자 성어	亡國之恨(망국지한)

丶丶忄忄忄忄忄恨恨恨

恨							

186

閑
한가할 **한**

부 門(문 문)
획 총12획

한자쓰기

| 간체자 | 闲 xián |
| | 한가하다, 짬 / 총7획 |

간체자쓰기

'울타리'의 뜻을 나타내기 위해, 마소가 멋대로 도망치지 못하게 설치한 우리의 입구를 표현한 '門(문 문)'과 '가로질러 놓은 나무인 '木(나무 목)'을 더해 만든 글자이다. '막다', '한가하다', '틈' 등의 뜻으로 쓰인다.

| 활용어 | 閑散(한산), 閑談(한담) |

丨冂冂冃冃門門閂閇閈閑閑

閑							

丶丨冂冂冂闲闲闲

闲							

187

恒

항상 **항**

부 ㅏ(心, 마음 심)
획 총9획

한자쓰기

'매우 길고 오래다'라는 뜻을 나타내기 위해, 뜻부분인 'ㅏ(心, 마음 심)'에 음부분인 '亘(뻗칠 긍)'을 더해 만든 글자이다. 확대되어 '변하지 아니하고 오래 감'의 뜻으로 쓰인다.

활용어 **恒常**(항상), **恒星**(항성)
유의어 **每**(매양 매)
한자 성어 **恒茶飯事**(항다반사), **恒産恒心**(항산항심)

丶 丶 ㅏ 忙 忙 恒 恒 恒 恒

恒							

188

革

가죽, 바꿀 **혁**

부 革(가죽 혁)
획 총9획

한자쓰기

가죽을 손으로 벗기고 있는 모양을 본떠 만든 글자이다. 원래 '털을 제거한 가죽'을 나타내다가 여기서 확대되어 '고치다', '바꾸다', '제거하다' 등의 뜻으로 쓰인다.

활용어 **革命**(혁명), **皮革**(피혁)
유의어 **皮**(가죽 피), **化**(될 화), **變**(변할 변), **更**(고칠 경), **改**(고칠 개)
　　　易(바꿀 역)

一 十 卄 뀨 莄 莒 莒 芦 革

革							

189

刑

형벌 **형**

부 刂(刀, 칼 도)
획 총6획

한자쓰기

'신체에 가하는 형벌'의 뜻을 나타내기 위해, 뜻부분인 '刂(刀, 칼 도)'와 '잡아서 가두다'는 뜻과 음부분을 겸하는 '井(우물 정)'을 더해 만든 글자이다.

활용어 刑罰(형벌), 死刑(사형)

一 二 千 开 开 刑

刑							

190

乎

어조사 **호**

부 丿(삐침 별)
획 총5획

한자쓰기

'숨을 내쉬는 모습'을 본떠 만든 글자이다. 의문, 반문, 추측 등을 나타내는 어조사로 쓰인다.
• 본뜻은 '口(입 구)'를 더해 '呼(숨 내쉴 호)'를 만들어 나타냈다.

활용어 斷乎(단호)
한자 성어 學而時習之不亦說乎(학이시습지불역열호)
有朋自遠方來不亦樂乎(유붕자원방래불역락호)

一 丷 平 乎 乎

乎							

虎

범 호

부 虍(범의 무늬 호)
획 총8획

한자쓰기

'범의 무늬와 긴 꼬리, 입을 크게 벌린 모양을 본떠 만든 글자이다. '범'은 '호랑이'를 뜻하며, 본뜻에서 확대되어, '용맹스럽다', '사납다' 등의 뜻으로도 쓰인다.

활용어 虎皮(호피), 白虎(백호)
한자 성어 虎死留皮(호사유피), 羊質虎皮(양질호피), 三人成虎(삼인성호)
養虎遺患(양호유환)

丨 丆 卢 户 虍 虎 虎

虎							

192

婚

혼인할 혼

부 女(여자 녀)
획 총11획

한자쓰기

'시집가다', '장가들다'라는 뜻을 나타내기 위해, 뜻부분인 '女(여자 녀)'에 음부분인 '昏(저물 혼)'을 더해 만든 글자이다. 옛날에 여자 집에서 해질녘에 결혼식이 시작되었던 풍습이 있었다.

활용어 婚禮(혼례), 結婚(결혼)
한자 성어 冠婚喪祭(관혼상제)

乚 乣 女 妤 妡 妡 妶 婚 婚 婚 婚

婚							

193

混

섞을 **혼**

부 氵(水, 물 수)
획 총11획

한자쓰기

'물이 소용돌이치며 솟아나오다'라는 뜻을 나타내기 위해, 뜻부분인 '氵(水, 물 수)'에 음부분인 '昆(맏/많을 곤)'을 더해 만든 글자이다. 후에 가차되어 '섞다', '남을 속이다', '그럭저럭 살아가다' 등의 뜻으로 쓰이고 있다.

활용어 混同(혼동), 混用(혼용)
유의어 濁(흐릴 탁), 雜(섞일 잡)

丶 丶 氵 氵 沪 沪 沪 泥 混 混 混

混							

194

紅

붉을 **홍**

부 糸(가는 실 사)
획 총9획

한자쓰기

간체자	红 hóng
	붉다 / 총6획

간체자쓰기

본래 '분홍색'을 나타내기 위해, 뜻부분인 '糸(가는 실 사)'와 음부분이며 비단을 염색 가공한다는 의미를 가진 '工(만들 공)'을 더해 만든 글자이다. 넓은 의미의 '붉은 색'을 가리키며, '경사스러운 일'과 '번성', '순이익(배당금)' 등을 상징한다.

활용어 紅茶(홍차), 紅一點(홍일점)
유의어 丹(붉을 단), 朱(붉을 주), 赤(붉을 적)
한자 성어 紅東白西(홍동백서)

乙 幺 幺 糸 糸 糸 紅 紅 紅

紅							

乙 幺 丝 红 红 红

红							

195

환 고리 환

부 玉(구슬 옥)
획 총17획

한자쓰기

간체자 环 huán
고리, 에워싸다 / 총8획

간체자쓰기

'둥근 옥'의 뜻을 나타내기 위해, '玉(구슬 옥)'과 뜻부분과 음부분을 겸하는 '睘(놀라서 볼 경)'을 합해 만든 글자이다. '睘'은 둥글게 되어 있는 것을 나타낸다. 본뜻에서 확대되어 '고리'나 '고리 모양으로 둥글게 생긴 물건', '둘러싸다', '돌다' 등의 뜻으로 쓰이고 있다.

활용어 環境(환경), 花環(화환)

一 二 三 干 王 王' 王'' 玨 玨 珅 珅 珅 環 環 環 環 環

環							

一 二 三 干 王 王' 玨 环 环

环							

196

환 기쁠 환

부 欠(하품 흠)
획 총22획

한자쓰기

간체자 欢 huān
좋아하다 / 총6획

간체자쓰기

'기쁘다', '기뻐하다'라는 뜻을 나타내기 위해, 뜻부분인 '欠(하품 흠, 입을 크게 벌린 모양)'에 음부분인 '雚(황새 관)'을 더해 만든 글자이다. 음식 앞에 앉아서 입을 벌리고 있는 모습에서 음식을 먹는 일은 즐거운 일이므로 기뻐하다는 뜻이 파생되었다.

활용어 歡呼(환호), 哀歡(애환)
유의어 樂(즐길 락), 喜(기쁠 희)
반의어 哀(슬플 애), 悲(슬플 비), 苦(괴로워할 고), 怒(성낼 노)

丨 丨 艹 艹 艹 芦 芦 苧 苧 荏 雚 雚 雚 雚 雚 雚 歡 歡 歡

歡							

フ ヌ ヌ' 欢 欢 欢

欢							

197

皇
임금 **황**

부 白(흰 백)
획 총9획

한자쓰기

'등잔에서 불빛이 빛나는 모양'을 본뜬 글자이다. 본뜻에서 확대되어 '최고의 왕'을 가리키는 글자로 쓰인다. 후에 본뜻은 '火(빛날 화)'를 덧붙여 '煌(빛날 황)'으로 나타냈다.

• 왕의 상징인 커다란 관(冠)이 받침 위에 놓여 있는 모양을 본떠 만든 글자라는 견해도 있다.

활용어 **皇帝**(황제), **教皇**(교황)
유의어 **帝**(임금 제)
반의어 **臣**(임금 신)
한자 성어 **玉皇上帝**(옥황상제)

′ ′ ⼴ ⽩ 白 白 皇 皇 皇

皇						

198

厚
두터울 **후**

부 厂(언덕 엄)
획 총9획

한자쓰기

'산이 높고 두텁게 겹쳐 있다'라는 뜻을 나타내기 위해, 뜻부분인 '厂(언덕 엄)'에 음부분인 '투(두터울 후, 성루 모양)'를 더해 만든 글자이다. 후에 확대되어 흙을 쌓아 올리거나 제사 음식을 수북하게 담는다는 뜻에서 '(인심이) 두텁다'라는 뜻으로 쓰이게 되었다.

활용어 **厚德**(후덕), **重厚**(중후)
한자 성어 **利用厚生**(이용후생), **厚顔**(후안)

⼀ 厂 厂 厂 厈 戶 匣 厚 厚

厚						

199

胸

가슴 **흉**

부 月(肉, 고기육)
획 총10획

한자쓰기

신체의 부위인 '가슴'을 나타내기 위해, 'ㄅ(감쌀 포)'와 '凶(흉할 흉, 속이 비었음을 상징)'을 더해 '匈'으로 나타냈다. 옛날 사람들은 가슴은 속이 비고, 생각한 일 등을 넣어 둘 수 있다고 생각한 것이다. 이 글자가 후에 '오랑캐', '(인심이) 흉흉하다'는 뜻을 나타내는 단어로 빌어 쓰이자 뜻을 강조하기 위해 '月(肉, 고기 육)'을 덧붙여 지금의 글자 모양이 되었다.

활용어 胸部(흉부), 胸中(흉중)
반의어 背(등 배)

丿 刀 月 月 肐 肕 肑 肑 胸 胸

胸							

200

喜

기쁠 **희**

부 口(입 구)
획 총12획

한자쓰기

'기쁘다'라는 뜻을 나타내기 위해, 큰 북이나 장구 같은 타악기의 모습을 본뜬 '효(악기 주)'와 악기를 치며 노래 부르는 '口(입 구)'를 더해 만든 글자이다.

활용어 歡喜(환희), 喜悲(희비)
유의어 樂(즐거울 락), 歡(기쁠 환)
반의어 悲(슬플 비), 哀(슬플 애)
한자 성어 一喜一悲(일희일비), 喜怒哀樂(희로애락), 喜喜樂樂(희희낙락)

一 十 士 吉 吉 吉 吉 喜 喜 喜 喜

喜							

복습하기 10

① 다음 한자의 뜻과 음을 쓰세요.

(1) 何 (   )   (2) 恒 (   )

(3) 刑 (   )   (4) 虎 (   )

(5) 混 (   )   (6) 皇 (   )

(7) 厚 (   )   (8) 喜 (   )

② 다음 한자어의 독음을 쓰세요.

(1) 疲困 (   )   (2) 配匹 (   )

(3) 革命 (   )   (4) 結婚 (   )

③ 다음 한자의 간체자를 보기 에서 골라 쓰세요.

보기	贺	闲	环	欢

(1) 環 (   )   (2) 歡 (   )

(3) 賀 (   )   (4) 閑 (   )

④ 다음 뜻을 가진 사자성어를 보기 에서 골라 그 독음을 쓰세요.

보기	利用厚生	虎死留皮	三人成虎

(1) 호랑이는 죽어서 가죽을 남긴다는 뜻으로, 사람은 죽어서 명예를 남겨야 함을 이르는 말

     ✎ _____

(2) 세 사람이면 없던 호랑이도 만든다는 뜻으로, 거짓말이라도 여러 사람이 말하면 남이 참말로 믿기 쉽다는 말

     ✎ _____

HNK 3II급

복습하기
정답

복습하기 정답

복습하기 01

1
(1) 다리 각
(2) 굳을 견
(3) 다 개
(4) 거울 경
(5) 닭 계
(6) 곤할 곤
(7) 책 권
(8) 밭갈 경

2
(1) 각오 (2) 계통
(3) 고립 (4) 경작

3
(1) 千 (2) 惊
(3) 谷 (4) 穷

4
(1) 계란유골
(2) 고장난명

복습하기 02

1
(1) 이미 기
(2) 차 다(차)
(3) 다만 단
(4) 이끌 도
(5) 물결 랑
(6) 서늘할 량
(7) 이슬 로
(8) 늦을 만

2
(1) 출근 (2) 수단
(3) 계란 (4) 유학

3
(1) 几 (2) 导
(3) 罗 (4) 既

4
(1) 대기만성
(2) 이란투석

복습하기 03

1
(1) 잠잘 면
(2) 저물 모
(3) 짝, 나눌 배
(4) 도울 부
(5) 뜰(뜨다) 부
(6) 버금, 다음 부
(7) 쏠(쏘다) 사
(8) 먹 묵

2
(1) 가무 (2) 범인
(3) 사립 (4) 비밀

3
(1) 罗 (2) 麦
(3) 鸣 (4) 览

4
(1) 붕우유신
(2) 근묵자흑

복습하기 04

1
(1) 서리 상
(2) 더울 서
(3) 아낄 석
(4) 모름지기 수
(5) 누구 수
(6) 높을 숭
(7) 베풀 시
(8) 오히려 상

2
(1) 승객 (2) 수재
(3) 건설 (4) 대상

3
(1) 丧 (2) 伤
(3) 寿 (4) 虽

4
(1) 금석지감
(2) 상궁지조

복습하기 05

1
(1) 어조사 어
(2) 슬플 애
(3) 날릴, 오를 양
(4) 또 역
(5) 지경 역
(6) 벼루 연
(7) 기쁠 열
(8) 불꽃, 불탈 염

2
(1) 수심 (2) 교역
(3) 영입 (4) 양보

3
(1) 岩 (2) 颜
(3) 严 (4) 忆

4
(1) 입신양명
(2) 엄동설한

복습하기 06

1
(1) 기와 와
(2) 누울 와
(3) 말할, 가로 왈
(4) 하고자할 욕
(5) 이를, 말할 운
(6) 원망할 원
(7) 위엄 위
(8) 부드러울 유

2
(1) 각오 (2) 우주
(3) 유아 (4) 유일

3
(1) 乌 (2) 忧
(3) 犹 (4) 游

4
(1) 과유불급
(2) 욕속부달

복습하기 07

❶
(1) 이미 이
(2) 사랑 자
(3) 창자 장
(4) 심을 재
(5) 드러날 저
(6) 곧을 정
(7) 정수리, 꼭대기 정
(8) 모두 제

❷
(1) 인고 (2) 청정
(3) 안정 (4) 제국

❸
(1) 议 (2) 积
(3) 转 (4) 钱

❹
(1) 노이무공
(2) 적토성산

복습하기 08

❶
(1) 집 주
(2) 곧 즉
(3) 일찍 증
(4) 증거 증
(5) 가지 지
(6) 슬기(지혜) 지
(7) 빌릴 차
(8) 아내 처

❷
(1) 채집 (2) 피차
(3) 타종 (4) 지금

❸
(1) 尽 (2) 执
(3) 钟 (4) 准

❹
(1) 고진감래
(2) 노마지지

복습하기 09

❶
(1) 자 척
(2) 샘 천
(3) 얕을 천
(4) 갤(개다) 청
(5) 밀, 옮을 추[퇴]
(6) 불(불다) 취
(7) 아플 통
(8) 가죽 피

❷
(1) 투수 (2) 성취
(3) 초래 (4) 추억

❸
(1) 层 (2) 总
(3) 枫 (4) 丰

❹
(1) 지피지기
(2) 한강투석

복습하기 10

❶
(1) 어찌 하
(2) 항상 항
(3) 형벌 형
(4) 범 호
(5) 섞을 혼
(6) 임금 황
(7) 두터울 후
(8) 기쁠 희

❷
(1) 피곤 (2) 배필
(3) 혁명 (4) 결혼

❸
(1) 环 (2) 欢
(3) 贺 (4) 闲

❹
(1) 호사유피
(2) 삼인성호

HNK 3II급

汉字能力考试

HNK 3Ⅱ급

부록

※ 상위등급 한자는 하위등급 한자를 모두 포함합니다.
※ '( )'는 한자의 뜻을 이해하기 쉽도록 풀어 쓴 표현입니다.
※ 배정 간체자는 중국에서 공표한 「간화자 총표」를 기준으로 선정하였습니다.
　단, 한국과 중국의 표기 방식이 다른 한자는 효율적인 중국어 학습을 위하여 병기하였습니다.

급수	한자	간체자	훈음
6급	家		집 가
6급	歌		노래 가
5급	加		더할 가
5급	可		옳을 가
4Ⅱ급	價	价	값 가
4급	假		거짓, 빌릴 가
4급	街		거리 가
5Ⅱ급	各		각각 각
5급	角	角	뿔 각
3Ⅱ급	脚		다리 각
3Ⅱ급	覺	觉	깨달을 각
6급	間	间	사이 간
4Ⅱ급	看		볼 간
5급	感		느낄 감
4Ⅱ급	減	减	덜 감
4Ⅱ급	甘		달 감
4Ⅱ급	監	监	볼 감
3Ⅱ급	敢		감히 감
4급	甲		껍질, 첫째 천간 갑
7급	江		강 강
5Ⅱ급	強	强	강할 강
4급	降		내릴 강, 항복할 항
4급	康		편안할 강
4급	講	讲	익힐, 욀 강

급수	한자	간체자	훈음
3Ⅱ급	鋼	钢	강철 강
5Ⅱ급	開	开	열 개
4Ⅱ급	個	个	낱 개
4Ⅱ급	改		고칠 개
3Ⅱ급	皆		다 개
5급	客		손 객
6급	車	车	수레 거, 차
5Ⅱ급	去		갈 거
4Ⅱ급	巨		클(크다) 거
4Ⅱ급	擧	举	들(들다) 거
4급	居		살 거
4Ⅱ급	件		사건 건
4Ⅱ급	健		굳셀, 튼튼할 건
4Ⅱ급	建		세울 건
3Ⅱ급	乾	干	하늘 건 / 마를 건[간]
4급	干		방패 간, 마를 간[건]
6급	巾		수건 건
4급	儉	俭	검소할 검
4급	檢	检	검사할 검
5급	格		격식(틀) 격
7급	犬		개 견
5Ⅱ급	見	见	볼 견
3Ⅱ급	堅	坚	굳을 견
5급	決	决	결정할 결

급수	한자	간체자	훈음
5급	結	结	맺을 결
4급	潔	洁	깨끗할 결
5II급	京		서울 경
5급	敬		공경할 경
5급	輕	轻	가벼울 경
4II급	景		볕, 경치 경
4II급	競	竞	다툴 경
4급	更		고칠 경, 다시 갱
4급	境		지경 경
4급	庚		일곱째 천간 경
4급	慶	庆	경사 경
4급	經	经	지날, 날실, 경서 경
3II급	耕		밭갈 경
4급	警		경계할 경
3II급	鏡	镜	거울 경
3II급	驚	惊	놀랄 경
5II급	計	计	셀 계
5급	界		지경(경계) 계
4II급	季		철, 계절 계
4급	戒		경계할 계
4급	溪		시내 계
4급	癸		열째 천간 계
4급	繼	继	이을 계
3II급	系		맬, 계통 계
3II급	係	系	맬, 관계 계
3II급	階	阶	섬돌 계
3II급	鷄	鸡	닭 계

급수	한자	간체자	훈음
6급	古		예 고
5II급	高		높을 고
5급	告		알릴 고
5급	考		생각할 고
5급	苦		괴로울 고
4II급	固		굳을 고
4II급	故		연고(까닭) 고
4급	庫	库	곳집 고
3II급	孤		외로울 고
5급	曲		굽을 곡
4급	谷		골(골짜기) 곡
3II급	穀	谷	곡식 곡
3II급	困		곤할 곤
3II급	坤		땅 곤
4II급	骨	骨	뼈 골
7급	工		장인, 만들 공
5II급	共		함께 공
5II급	功		공(공로) 공
5급	公		공평할 공
6급	空		빌(비다) 공
5II급	科		과목 과
5급	果		열매 과
5급	過	过	지날, 허물 과
4II급	課	课	공부할, 매길 과
4II급	觀	观	볼 관
4II급	關	关	관계할, 빗장 관
4급	官		벼슬 관

급수	한자	간체자	훈음	급수	한자	간체자	훈음
5II급	光		빛 광	3II급	勸	劝	권할 권
4II급	廣	广	넓을 광	5급	貴	贵	귀할 귀
6급	敎	教	가르칠 교	4급	歸	归	돌아갈 귀
6급	校		학교 교	4II급	規	规	법 규
5II급	交		사귈 교	4급	均		고를, 평평할 균
4II급	橋	桥	다리 교	4II급	極	极	다할 극
8급	九		아홉 구	5II급	近		가까울 근
8급	口		입 구	5급	根		뿌리 근
5II급	區	区	나눌 구	3II급	勤		부지런할 근
5급	球		공 구	6급	今		이제 금
4II급	久		오랠 구	4급	禁		금할 금
4II급	具		갖출 구	5II급	急		급할 급
4II급	救		도울 구	5급	級	级	등급 급
4II급	求		구할 구	4II급	及		미칠 급
4II급	舊	旧	예 구	4II급	給	给	줄(주다) 급
4급	句		글귀 구	7급	己		몸(자기) 기
4급	究		궁구할 구	6급	氣	气	기운 기
6급	國	国	나라 국	6급	記	记	기록할 기
4II급	局		판(바둑·장기) 국	5II급	旗		기(깃발) 기
6급	軍	军	군사 군	4II급	器		그릇 기
5급	郡		고을 군	4II급	基		터 기
4II급	君		임금 군	4II급	技		재주 기
4급	群		무리 군	4II급	期		기약할 기
4II급	弓		활 궁	4II급	汽		물 끓는 김 기
3II급	窮	穷	다할 궁	4급	其		그 기
4급	權	权	권세 권	4급	起		일어날 기
3II급	卷	卷	책 권	3II급	旣	既	이미 기

급수	한자	간체자	훈음
3II급	幾	几	몇 기
5급	吉		길할, 좋을 길
8급	金		쇠 금 / 성 김
4급	暖		따뜻할 난
4급	難	难	어려울 난
8급	南		남녘 남
8급	男		사내 남
4급	納	纳	들일 납
7급	內	内	안 내
4급	乃		이에, 곧 내
8급	女		여자 녀
7급	年		해 년
4II급	念		생각 념
4급	努		힘쓸 노
4급	怒		성낼 노
6급	農	农	농사 농
5급	能		능할 능
6급	你		너 니
7급	多		많을 다
3II급	茶		차 다[차]
5II급	短		짧을 단
4II급	丹		붉을 단
4II급	團	团	모일, 둥글 단
4급	單	单	홑 단
4급	壇	坛	단, 제단 단
4급	斷	断	끊을 단
4급	端		바를, 끝 단

급수	한자	간체자	훈음
3II급	但		다만 단
3II급	段		층계, 구분 단
4급	達	达	통달할 달
4II급	談	谈	말씀 담
6급	答		대답 답
5II급	當	当	마땅할 당
5급	堂		집 당
8급	大		큰 대
6급	代		대신할 대
5II급	對	对	대답할 대
5급	待		기다릴 대
4급	隊	队	무리 대
5급	德		덕 덕
5II급	刀		칼 도
5II급	圖	图	그림 도
5급	度		법도 도
4II급	到		이를 도
4II급	島	岛	섬 도
6급	道		길 도
4II급	都	都	도읍(도시) 도
4급	徒		무리 도
3II급	導	导	이끌 도
5II급	讀	读	읽을 독
4II급	獨	独	홀로 독
8급	東	东	동녘 동
6급	同		한 가지 동
5II급	冬		겨울 동

급수	한자	간체자	훈음
5급	動	动	움직일 동
5급	童		아이 동
6급	洞		골 동
5II급	頭	头	머리 두
4II급	豆		콩 두
4급	得		얻을 득
6급	登		오를 등
5II급	等		무리 등
4급	燈	灯	등잔 등
3II급	羅	罗	벌일 라
5급	落		떨어질 락
3II급	卵		알 란
3II급	覽	览	볼(보다) 람
4II급	朗	朗	밝을 랑
3II급	浪		물결 랑
3II급	郞	郎	사내 랑
6급	來	来	올 래
4II급	冷	冷	찰(차다) 랭
4급	略		간략할 략
5급	良		어질, 좋을 량
4II급	兩	两	두(둘) 량
4II급	量		헤아릴 량
3II급	涼	凉	서늘할 량
4II급	旅		나그네 려
7급	力		힘 력
5급	歷	历	지낼 력
4II급	練	练	익힐 련

급수	한자	간체자	훈음
4급	連	连	잇닿을 련
4급	列		벌일 렬
4급	烈		매울, 세찰 렬
4II급	令	令	명령할 령
4II급	領	领	옷깃, 거느릴 령
5II급	禮	礼	예도 례
5급	例		본보기(법식) 례
6급	老		늙을 로
5급	勞	劳	일할 로
5급	路		길 로
3II급	露		이슬 로
5급	綠	绿	푸를 록
4급	錄	录	기록할 록
4급	論	论	논할 론
4II급	料		헤아릴 료
5급	流		흐를 류
4II급	類	类	무리 류
3II급	柳		버들 류
3II급	留		머무를 류
4II급	陸	陆	뭍(땅) 륙
8급	六		여섯 륙
4급	倫	伦	인륜 륜
4II급	律		법률 률
6급	里		마을 리
5II급	利		이로울 리
5II급	理		다스릴 리
5급	李		오얏(자두) 리

급수	한자	간체자	훈음
7급	林		수풀(숲) 림
7급	立		설(서다) 립
7급	馬	马	말 마
6급	嗎	吗	어조사 마
5급	媽	妈	엄마 마
4급	莫		없을 막
6급	萬	万	일만 만
4급	滿	满	찰(가득 차다) 만
3II급	晚		늦을 만
6급	末		끝 말
5급	亡		망할 망
4II급	望		바랄 망
4급	忘		잊을 망
3II급	忙		바쁠 망
6급	每		매양(늘) 매
5급	買	买	살(사다) 매
5급	賣	卖	팔(팔다) 매
4II급	妹		손아래 누이 매
3II급	麥	麦	보리 맥
6급	面		낯, 얼굴 면
3II급	免		면할 면
3II급	勉		힘쓸 면
3II급	眠		잠잘 면
7급	名		이름 명
5II급	命		목숨 명
5II급	明		밝을 명
3II급	鳴	鸣	울(울다) 명

급수	한자	간체자	훈음
8급	母		어머니 모
5II급	毛		털 모
3II급	暮		저물 모
8급	木		나무 목
7급	目		눈 목
4II급	沐		목욕할 목
4급	牧		칠 목
4급	卯		토끼(넷째 지지) 묘
4급	妙		묘할 묘
5II급	無	无	없을 무
4II급	武		굳셀 무
4급	務	务	힘쓸 무
4급	戊		다섯째 천간 무
3II급	茂		무성할 무
3II급	舞		춤출 무
3II급	墨		먹 묵
8급	門	门	문 문
6급	們	们	들(무리) 문
6급	問	问	물을 문
6급	文		글월 문
5II급	聞	闻	들을 문
6급	物		물건 물
3II급	勿		말(말다) 물
5II급	米		쌀 미
5급	美		아름다울 미
4II급	味		맛 미
4II급	尾		꼬리 미

급수	한자	간체자	훈음
4II급	未		아닐 미
6급	民		백성 민
4급	密		빽빽할 밀
5급	朴		순박할 박
5II급	半	半	절반 반
5II급	班		나눌 반
5급	反		돌이킬 반
4급	飯	饭	밥 반
5급	發	发	필 발
6급	方		모 방
5II급	放		놓을 방
4급	房	房	방 방
4급	訪	访	찾을 방
4급	防		막을 방
4II급	倍		곱(갑절) 배
4II급	拜		절(절하다) 배
4급	背		등 배
3II급	杯		잔 배
3II급	配		짝, 나눌 배
8급	百		일백 백
7급	白		흰 백
5II급	番		차례 번
4II급	伐		칠 벌
4급	罰	罚	벌할 벌
4II급	凡		무릇 범
3II급	犯		범할 범
5급	法		법 법

급수	한자	간체자	훈음
4II급	變	变	변할 변
5II급	別	别	다를 별
5급	兵		군사, 병사 병
5급	病		병 병
4급	丙		셋째 천간 병
5II급	步		걸음 보
4II급	報	报	갚을, 알릴 보
4급	保		지킬 보
4급	寶	宝	보배 보
5급	服		옷, 다스릴 복
5급	福	福	복 복
4급	伏		엎드릴 복
4급	復	复	돌아올 복
6급	本		근본 본
5급	奉		받들 봉
3II급	逢		만날 봉
8급	父		아버지 부
6급	夫		사내, 남편 부
5II급	部		떼, 거느릴 부
4II급	婦	妇	아내(지어미) 부
4II급	富		부자 부
4급	否		아닐 부
3II급	扶		도울 부
3II급	浮		뜰(뜨다) 부
3II급	副		버금, 다음 부
8급	北		북녘 북
6급	分		나눌 분

급수	한자	간체자	훈음
6급	不		아니 불
4급	佛		부처 불
3II급	朋		벗 붕
4II급	備	备	갖출 비
4II급	比		견줄 비
4II급	費	费	쓸 비
4II급	非		아닐 비
4II급	鼻		코 비
4급	悲		슬플 비
4급	飛	飞	날(날다) 비
3II급	祕	秘	숨길 비
4II급	貧	贫	가난할 빈
5급	氷	冰	얼음 빙
8급	四		넉(넷) 사
6급	事		일 사
6급	士		선비 사
5II급	死		죽을 사
5II급	社	社	모일 사
5급	仕		벼슬, 섬길 사
5급	使		하여금, 부릴 사
5급	史		역사, 사기 사
5급	思		생각 사
4II급	寫	写	베낄 사
4II급	師	师	스승 사
4II급	査		조사할 사
4II급	謝	谢	사례할 사
4급	寺		절 사

급수	한자	간체자	훈음
4급	巳		뱀(여섯째 지지) 사
4급	絲	丝	실 사
4급	舍		집 사
3II급	私		사사(개인) 사
3II급	射		쏠(쏘다) 사
8급	山		산(뫼, 메) 산
5급	算		셈 산
4II급	産	产	낳을 산
4급	散		흩어질 산
4급	殺	杀	죽일 살, 감할 쇄
8급	三		석(셋) 삼
8급	上		위 상
5급	相		서로 상
4II급	商		장사 상
4II급	常		항상 상
4II급	賞	赏	상줄 상
4급	狀	状	모양 상, 문서 장
4급	床		평상 상
4급	想		생각 상
3II급	尙	尚	오히려, 높을 상
3II급	喪	丧	잃을, 죽을 상
3II급	象		코끼리, 본뜰 상
3II급	傷	伤	다칠, 상할 상
3II급	霜		서리 상
6급	色		빛 색
7급	生		날 생
3II급	暑	暑	더울 서

급수	한자	간체자	훈음
8급	西		서녘 서
5II급	書	书	글 서
4II급	序		차례 서
7급	夕		저녁 석
7급	石		돌 석
5급	席		자리 석
3II급	昔		예(옛날) 석
3II급	惜		아낄 석
7급	先		먼저 선
5II급	線	线	줄(line) 선
4II급	仙		신선 선
4II급	善		착할, 잘할 선
4II급	船		배(boat) 선
4II급	選	选	가릴 선
4II급	鮮	鲜	고울 선
5급	雪		눈 설
4II급	舌		혀 설
4II급	說	说	말씀 설
3II급	設	设	베풀 설
7급	姓		성씨 성
5II급	性		성품 성
5II급	成		이룰 성
5급	省		살필 성, 줄일 생
4II급	城		재(성) 성
4II급	星		별 성
4II급	盛		성할 성
4II급	聖	圣	성스러울 성

급수	한자	간체자	훈음
4II급	誠	诚	정성 성
4급	聲	声	소리 성
6급	世		세상 세
5급	洗		씻을 세
4II급	勢	势	권세 세
4II급	歲	岁	해 세
4급	稅		세금 세
4급	細	细	가늘 세
8급	小		작을 소
7급	少		적을 소
6급	所		곳, 바 소
5급	消	消	사라질 소
4급	掃	扫	쓸(쓸다) 소
4급	笑		웃음 소
4급	素		흴, 본디 소
5급	速		빠를 속
4II급	束		묶을 속
4급	俗		풍속 속
4급	續	续	이을 속
5급	孫	孙	손자 손
3II급	損	损	덜(덜다) 손
4II급	送	送	보낼 송
4급	松		소나무 송
8급	水		물 수
7급	手		손 수
5II급	首		머리 수
5급	數	数	셈 수

급수	한자	간체자	훈음
5급	樹	树	나무 수
4II급	守		지킬 수
4급	修		닦을 수
4급	受		받을 수
4급	愁		근심 수
4급	授		줄(주다) 수
4급	收		거둘 수
3II급	秀		빼어날 수
3II급	須	须	모름지기 수
3II급	壽	寿	목숨 수
3II급	誰	谁	누구 수
3II급	雖	虽	비록 수
5급	宿		잠잘 숙
3II급	叔		아재비(아저씨) 숙
3II급	淑		맑을 숙
5급	順	顺	순할 순
4급	純	纯	순수할 순
5급	術	术	재주 술
4급	戌		개(열한째 지지) 술
3II급	崇		높을 숭
5급	習	习	익힐 습
4급	拾		주울 습
5급	勝	胜	이길 승
4급	承		이을 승
3II급	乘		탈(타다) 승
6급	市		저자(시장) 시
6급	時	时	때 시

급수	한자	간체자	훈음
5II급	示		보일 시
5II급	詩	诗	글 시
5급	始		처음, 비로소 시
4II급	是		옳을 시
4II급	視	视	볼 시
4II급	試	试	시험 시
3II급	施		베풀 시
6급	植	植	심을 식
6급	食		먹을, 밥 식
5급	式		법 식
4급	息		숨쉴 식
4급	識	识	알(알다) 식
5II급	信		믿을 신
5II급	新		새로울 신
5II급	神	神	귀신, 신비할 신
5II급	身		몸 신
5급	臣		신하 신
4II급	辛		매울 신
4급	辰		다섯째 지지, 별 진 때 신
4급	申		펼 신 원숭이(아홉째 지지) 신
6급	室		집 실
5급	失		잃을 실
5급	實	实	열매 실
7급	心		마음 심
3II급	深		깊을 심
8급	十		열 십

급수	한자	간체자	훈음
4II급	氏		성씨 씨
4급	我		나 아
5급	兒	儿	아이 아
4II급	惡	恶	나쁠 악 / 미워할 오
6급	安		편안할 안
4II급	案		책상, 생각 안
4II급	眼		눈 안
3II급	顔	颜	얼굴 안
4II급	暗		어두울 암
3II급	巖	岩	바위 암
3II급	仰		우러를 앙
5급	愛	爱	사랑 애
3II급	哀		슬플 애
5II급	夜		밤 야
5급	野		들 야
3II급	也		어조사 야
5II급	弱	弱	약할 약
5급	藥	药	약 약
4II급	約	约	맺을 약
4II급	若		만약 약 / 반야 야
7급	羊		양 양
5급	洋		큰 바다 양
5급	陽	阳	볕 양
4II급	養	养	기를 양
3II급	揚	扬	날릴, 오를 양
3II급	讓	让	사양할 양
7급	魚	鱼	고기 어

급수	한자	간체자	훈음
6급	語	语	말씀 어
5급	漁	渔	고기 잡을 어
3II급	於	于	어조사 어
5급	億	亿	억 억
3II급	憶	忆	생각할 억
5II급	言		말씀 언
3II급	嚴	严	엄할 엄
5급	業	业	일, 업 업
5급	如		같을 여
4급	與	与	더불, 줄 여
4급	餘	余(馀)	남을 여
3II급	汝		너 여
3II급	余		나 여
4급	逆		거스를 역
3II급	亦		또 역
3II급	域		지경 역
3II급	易		바꿀 역 / 쉬울 이
5급	然		그러할 연
4급	煙	烟	연기 연
4급	研	研	갈(갈다) 연
3II급	硯	砚	벼루 연
4II급	熱	热	더울 열
3II급	悅		기쁠 열
3II급	炎		불꽃, 불탈 염
4II급	葉	叶	잎 엽
5II급	永		길(길다) 영
5II급	英		꽃부리, 뛰어날 영

급수	한자	간체자	훈음
4급	榮	荣	영화 영
4급	營	营	경영할 영
3II급	迎		맞을 영
4급	藝	艺	재주 예
8급	五		다섯 오
6급	午		낮 오
4급	誤	误	그르칠 오
3II급	吾		나 오
3II급	悟		깨달을 오
3II급	烏	乌	까마귀 오
7급	玉		구슬 옥
4II급	屋		집 옥
5급	溫	温	따뜻할 온
3II급	瓦		기와 와
3II급	臥	卧	누울 와
4II급	完		완전할 완
3II급	曰		말할, 가로 왈
8급	王		임금 왕
4II급	往		갈 왕
7급	外		바깥 외
5II급	樂	乐	즐길 락 / 노래 악 좋아할 요
5급	要		구할 요
4급	曜		빛날 요
4급	謠	谣	노래 요
4II급	浴		목욕할 욕
3II급	欲		하고자할 욕
5II급	用		쓸 용

급수	한자	간체자	훈음
5급	勇		날랠 용
4급	容		얼굴 용
7급	右		오른 우
7급	牛		소 우
5II급	又		또 우
5II급	友		벗 우
4II급	雨		비 우
4급	遇		만날 우
3II급	于		어조사 우
3II급	尤		더욱 우
3II급	宇		집 우
3II급	憂	忧	근심 우
5II급	運	运	옮길 운
5급	雲	云	구름 운
3II급	云		이를, 말할 운
4II급	雄		수컷, 씩씩할 웅
5II급	元		으뜸 원
5II급	原		언덕 원
5II급	遠	远	멀 원
5급	園	园	동산 원
5급	源		근원 원
5급	院		집 원
4II급	願	愿	원할 원
4급	員	员	인원 원
4급	圓	圆	둥글 원
3II급	怨		원망할 원
8급	月		달 월

급수	한자	간체자	훈음
6급	位		자리 위
4II급	偉	伟	클, 훌륭할 위
4II급	爲	为	할(하다) 위
4급	危		위태할 위
3II급	威		위엄 위
6급	有		있을 유
5급	油		기름 유
5급	由		말미암을 유
4급	乳		젖 유
4급	遺	遗	남길 유
4급	酉		닭(열째 지지) 유
3II급	幼		어릴 유
3II급	柔		부드러울 유
3II급	唯		오직 유
3II급	猶	犹	같을, 오히려 유
3II급	遊	游	놀(놀다) 유
3II급	儒		선비 유
6급	育		기를 육
5II급	肉		고기 육
5II급	銀	银	은 은
4II급	恩		은혜 은
5II급	音		소리 음
5급	飮	饮	마실 음
4급	陰	阴	그늘 음
3II급	吟		읊을 음
6급	邑		고을 읍
3II급	泣		울(울다) 읍

급수	한자	간체자	훈음
4급	應	应	응할 응
6급	衣		옷 의
5II급	意		뜻 의
5급	醫	医	의원 의
4II급	義	义	옳을 의
4급	依		의지할 의
3II급	議	议	의논할 의
8급	二		두(둘) 이
7급	耳		귀 이
5급	以		써 이
4급	異	异	다를 이
4급	移		옮길 이
3II급	已		이미 이
3II급	而		말 이을 이
4급	益	益	더할 익
8급	人		사람 인
5급	因		인할, 까닭 인
4II급	仁		어질 인
4II급	引		끌(끌다) 인
4급	印		도장 인
4급	寅		범(셋째 지지) 인
4급	認	认	알(알다) 인
3II급	忍		참을 인
8급	一		한 일
8급	日		날, 해 일
5급	任		맡길 임
4급	壬		아홉째 천간 임

급수	한자	간체자	훈음
7급	入		들 입
8급	子		아들 자
7급	自		스스로 자
6급	字		글자 자
5급	者	者	사람 자
4II급	姉	姉	손위 누이 자
3II급	慈		사랑 자
5II급	作		지을 작
5급	昨		어제 작
6급	場	场	마당 장
6급	長	长	긴, 어른 장
5급	章		글 장
4II급	將	将	장수, 장차 장
4급	壯	壮	장할, 씩씩할 장
3II급	腸	肠	창자 장
5II급	才		재주 재
5급	再		두, 다시 재
5급	在		있을 재
5급	材		재목 재
4II급	財	财	재물 재
4II급	災	灾	재앙 재
3II급	哉		어조사 재
3II급	栽		심을 재
4II급	爭	争	다툴 쟁
4II급	低	低	낮을 저
4II급	貯	贮	쌓을 저
3II급	著	著	드러날 저

급수	한자	간체자	훈음
5급	的		과녁 적
5급	赤		붉을 적
4II급	敵	敌	원수 적
4급	適	适	맞을 적
3II급	積	积	쌓을 적
6급	全		온전할 전
6급	前		앞 전
6급	電	电	번개, 전기 전
5II급	田		밭 전
5급	典		법, 책 전
5급	展		펼 전
5급	戰	战	싸움 전
4II급	傳	传	전할 전
4급	專	专	오로지 전
3II급	錢	钱	돈 전
3II급	轉	转	구를 전
4II급	節	节	마디 절
4급	切		끊을 절 / 모두 체
4급	絕	绝	끊을 절
4II급	店		가게 점
4급	點	点	점 점
4급	接		이을(잇다) 접
6급	正		바를 정
5급	定		정할 정
5급	庭		뜰 정
4급	井		우물 정
4II급	丁		장정 정

급수	한자	간체자	훈음
4II급	停		머무를 정
4II급	情	情	뜻 정
4II급	政		정사(정치) 정
4II급	精	精	자세할 정
3II급	貞	贞	곧을 정
3II급	淨	净	깨끗할 정
3II급	頂	顶	정수리, 꼭대기 정
3II급	靜	静	고요할 정
8급	弟		아우(동생) 제
5급	第		차례 제
5급	題	题	제목 제
4II급	祭		제사 제
4급	制		절제할, 마를 제
4급	製	制	지을(짓다) 제
4급	除		덜(덜다) 제
3II급	帝		임금 제
3II급	諸	诸	모두 제
6급	祖	祖	조상 조
5II급	朝		아침 조
4II급	助		도울 조
4II급	操		잡을 조
4II급	早		이를 조
4II급	調	调	고를 조, 조사할 조
4II급	鳥	鸟	새 조
4급	兆		조, 조짐 조
4급	造		지을(짓다) 조
7급	足		발 족

급수	한자	간체자	훈음
5급	族		겨레 족
4II급	存		있을 존
4급	尊	尊	높을 존
5급	卒		병사, 마칠 졸
4II급	種	种	씨 종
4II급	終	终	마칠 종
4급	宗		마루 종
3II급	從	从	좇을 종
3II급	鐘	钟	쇠북 종
7급	左		왼 좌
4II급	坐		앉을 좌
4급	罪		허물 죄
7급	主		주인 주
6급	住		살(살다) 주
5II급	晝	昼	낮 주
5급	州		고을 주
5급	注		물댈, 부을 주
4II급	走		달릴 주
4II급	週	周	돌 주
4급	朱		붉을 주
3II급	宙		집 주
3II급	酒		술 주
5II급	竹		대 죽
3II급	準	准	준할, 법도 준
8급	中		가운데 중
5II급	重		무거울 중
4급	衆	众	무리 중

급수	한자	간체자	훈음
3II급	卽	即	곧 즉
4II급	增	增	더할 증
3II급	曾	曾	일찍 증
3II급	證	证	증거 증
7급	地		땅 지
5급	止		그칠 지
5급	知		알(알다) 지
5급	紙	纸	종이 지
4II급	志		뜻 지
4II급	支		지탱할, 가를 지
4II급	至		이를 지
4급	之		갈, 어조사 지
4급	持		가질 지
4급	指		손가락, 가리킬 지
3II급	只		다만 지
3II급	枝		가지 지
3II급	智		슬기(지혜) 지
5II급	直	直	곧을 직
4급	職	职	직분, 맡을 직
4II급	眞	真	참 진
4II급	進	进	나아갈 진
3II급	盡	尽	다할 진
4II급	質	质	바탕 질
5급	集		모일 집
3II급	執	执	잡을 집
4II급	次		버금(둘째) 차
3II급	且		또 차

급수	한자	간체자	훈음
3II급	此		이(이곳) 차
3II급	借		빌릴 차
4급	着	着	붙을 착
4급	察		살필 찰
5급	參	参	참여할 참
5급	窓	窗	창문 창
4급	創	创	비롯할 창
4급	唱		부를 창
3II급	昌		창성할 창
3II급	採	采	캘(캐다) 채
3II급	菜		나물 채
5급	責	责	꾸짖을 책
4II급	冊	册	책 책
4II급	處	处	곳, 살(살다) 처
3II급	妻		아내 처
3II급	尺		자 척
8급	千		일천 천
7급	天		하늘 천
7급	川		내 천
3II급	泉		샘 천
3II급	淺	浅	얕을 천
4II급	鐵	铁	쇠 철
7급	靑	青	푸를 청
5급	淸	清	맑을 청
4급	聽	听	들을 청
4급	請	请	청할 청
3II급	晴	晴	갤(개다) 청

급수	한자	간체자	훈음
5급	體	体	몸 체
6급	草		풀 초
5급	初		처음 초
3II급	招		부를 초
7급	寸		마디 촌
5II급	村		마을 촌
3II급	總	总	다, 거느릴 총
4II급	最		가장 최
5II급	秋		가을 추
3II급	追		쫓을, 따를 추
3II급	推		밀, 옮을 추[퇴]
4II급	祝	祝	빌 축
4급	丑		소(둘째 지지) 축
5II급	春		봄 춘
7급	出		날 출
5급	充		채울 충
4II급	忠		충성 충
4II급	蟲	虫	벌레 충
4급	取		가질 취
3II급	吹		불(불다) 취
3II급	就		이룰, 나아갈 취
3II급	層	层	층 층
4II급	致		이를 치
4II급	齒	齿	이(이빨) 치
4급	治		다스릴 치
4II급	則	则	법칙 칙 / 곧 즉
5II급	親	亲	친할, 어버이 친

급수	한자	간체자	훈음
8급	七		일곱 칠
4급	針	针	바늘 침
4급	快		쾌할, 빠를 쾌
4II급	他		다를 타
4II급	打		칠 타
4II급	卓		높을 탁
4급	炭		숯 탄
4급	脫		벗을 탈
4급	探		찾을 탐
5II급	太		클 태
3II급	泰		클(크다), 넉넉할 태
4II급	宅		집 택[댁]
8급	土		흙 토
4급	討	讨	칠 토
5II급	通		통할 통
4II급	統	统	거느릴 통
3II급	痛		아플 통
4II급	退		물러날 퇴
3II급	投		던질 투
5급	特		특별할 특
5급	爸		아빠 파
4II급	波		물결 파
4급	破		깨뜨릴 파
4급	判		판단할 판
4급	板		널빤지 판
8급	八		여덟 팔
5II급	貝	贝	조개 패

급수	한자	간체자	훈음
4II급	敗	败	패할(무너지다) 패
5II급	便		편할 편 / 똥오줌 변
4II급	片		조각 편
3II급	篇		책 편
6급	平		평평할 평
4급	閉	闭	닫을 폐
4급	包		쌀(싸다) 포
4급	布		베, 펼 포
4급	暴		사나울 포[폭]
3II급	胞		세포 포
5급	表		겉 표
4급	票		표, 쪽지 표
5급	品		물건 품
5II급	風	风	바람 풍
3II급	楓	枫	단풍 풍
3II급	豊/豊	丰	풍년 풍
3II급	皮		가죽 피
3II급	彼		저(저곳) 피
3II급	疲		지칠 피
5급	必		반드시 필
4II급	筆	笔	붓 필
3II급	匹		짝 필
8급	下		아래 하
5II급	夏		여름 하
5급	河		물, 강 이름 하
3II급	何		어찌 하
3II급	賀	贺	하례할 하

급수	한자	간체자	훈음
6급	學	学	배울 학
6급	漢	汉	한수(China) 한
6급	韓	韩	한국(Korea) 한
5II급	限		한할 한
4II급	寒		찰(춥다) 한
3II급	恨		한 한
3II급	閑	闲	한가할 한
6급	合		합할 합
3II급	恒		항상 항
6급	海		바다 해
4II급	害		해칠 해
4급	亥		돼지(열두 번째 지지) 해
4급	解	解	풀(풀다) 해
5II급	行		다닐 행
5급	幸		다행 행
6급	向		향할 향
4II급	香		향기 향
4급	鄕	乡	시골 향
4II급	許	许	허락할 허
4급	虛	虚	빌(비다) 허
4급	驗	验	시험 험
3II급	革		가죽, 바꿀 혁
5급	現	现	나타날 현
4급	賢	贤	어질 현
6급	頁	页	머리 혈
5II급	血		피 혈
4급	協	协	도울 협

급수	한자	간체자	훈음	급수	한자	간체자	훈음
8급	兄		맏(형) 형	3II급	皇		임금 황
5II급	形		모양 형	5II급	會	会	모일 회
3II급	刑		형벌 형	4II급	回		돌(돌다) 회
4II급	惠		은혜 혜	6급	孝		효도 효
6급	好		좋을 호	4급	效		본받을 효
5급	號	号	부르짖을, 이름 호	6급	後	后	뒤 후
4II급	戶	户	집, 지게문 호	4급	候		기후, 물을 후
4II급	湖		호수 호	3II급	厚		두터울 후
4급	呼		부를, 숨 내쉴 호	5급	訓	训	가르칠 훈
3II급	乎		어조사 호	6급	休		쉴 휴
3II급	虎		범 호	5급	凶		흉할 흉
3II급	婚		혼인할 혼	3II급	胸		가슴 흉
3II급	混		섞을 혼	5급	黑		검을 흑
3II급	紅	红	붉을 홍	5급	很		매우 흔
8급	火		불 화	4급	吸		마실, 숨 들이쉴 흡
5II급	和		화목할 화	4급	興	兴	일어날 흥
5II급	花		꽃 화	4급	希		바랄(바라다) 희
5II급	話	话	말씀(말하다) 화	3II급	喜		기쁠 희
5급	化		될(되다) 화	부수8급	丶		점 주
5급	畫	画	그림 화	부수8급	丨		뚫을 곤
4급	華	华	빛날 화	부수8급	乙乚		새, 굽을 을
4급	貨	货	재화 화	부수8급	丿		삐침 별
4II급	患		근심(걱정) 환	부수8급	乀		파임 불
3II급	環	环	고리 환	부수8급	亅		갈고리 궐
3II급	歡	欢	기쁠 환	부수8급	亠		머리 부분 두
5II급	活		살(살다) 활	부수8급	儿		걷는 사람 인
5II급	黃	黄	누를 황	부수8급	凵		입 벌릴 감

급수	한자	간체자	훈음
부수8급	冖		덮을 멱
부수7급	冂		멀 경
부수7급	几		안석 궤
부수7급	冫		얼음 빙
부수7급	勹		쌀(싸다) 포
부수7급	匕		비수 비
부수7급	卜		점 복
부수7급	匚		상자 방 *匸 감출 혜
부수7급	卩 巳		병부 절
부수7급	厂		언덕 엄
부수7급	厶		사사 사
부수6급	囗		에울 위
부수6급	夂		뒤져서 올 치 *夊 천천히 걸을 쇠
부수6급	宀		집 면
부수6급	幺		작을 요
부수6급	广		집 엄
부수6급	廴		길게 걸을 인
부수6급	廾		손 맞잡을 공
부수6급	弋		주살 익
부수6급	彑 크		돼지머리 계
부수6급	彡		터럭 삼
부수6급	彳		조금 걸을 척
부수6급	戈		창 과
부수6급	攴 攵		칠 복
부수6급	欠		하품 흠
부수6급	歹		뼈 앙상할 알
부수6급	殳		칠, 몽둥이 수

급수	한자	간체자	훈음
부수6급	爪 爫		손톱 조
부수6급	辶		쉬엄쉬엄 갈 착
부수6급	爿	丬	조각 장
부수6급	疒		병들어 기댈 녁

*匚(상자 방), 匸(감출 혜)는 모양이 비슷하여 중국어 부수에서는 통일하여 쓴다.

*夂(뒤져서 올 치)와 (夊 천천히 걸을 쇠)는 위치에 따라 그 쓰임을 구별할 수 있으나, 모양이 비슷하여 통용하여 쓴다.

한자어	독음	뜻
脚光	각광	사회적 관심이나 흥미
脚本	각본	연극이나 영화를 만들기 위하여 쓴 글
橋脚	교각	다리를 받치는 기둥
渴望	갈망	간절히 바람
渴求	갈구	간절히 바라며 구함
敢行	감행	과감하게 실행함
果敢	과감	과단성이 있고 용감하다
勇敢	용감	용기가 있으며 씩씩하고 기운차다
鋼鐵	강철	① 열과 압력으로 단단하게 만든 쇠 ② 아주 단단하고 굳셈을 비유함
皆勤	개근	하루도 빠지지 않고 출석하거나 출근하는 것
乾達	건달	하는 일 없이 빈둥빈둥 놀거나 게으름을 부리는 짓. 또는 그런 사람
乾魚物	건어물	생선, 조개류 따위를 말린 식품
堅固	견고	① 굳고 단단하다 ② 사상이나 의지 따위가 동요됨이 없이 확고하다
堅果	견과	밤이나 호두 같은 나무 열매. 껍데기가 굳고 단단하며 익어도 열매가 벌어지지 않는 과실류
中堅	중견	어떤 단체나 사회에서 중심이 되는 사람
堅實	견실	생각이나 태도 따위가 믿음직스럽게 굳고 착실하다
警鐘	경종	① 다급한 일이나 위험을 알리기 위하여 치는 종 ② 잘못된 일이나 위험에 대해 경계하여 주는 주의나 충고
驚異	경이	놀랍고 신기하게 여김
體系	체계	일정한 원리에 따라서 낱낱의 부분이 짜임새 있게 조직되어 통일된 전체
系統	계통	일정한 체계에 따라 서로 관련되어 있는 부분들의 통일적 조직
關係	관계	서로 일정한 영향을 주고받도록 되어 있는 것
養鷄	양계	닭을 먹여 기름. 또는 그 닭
階級	계급	사회나 일정한 조직 내에서의 지위, 관직 따위의 단계
段階	단계	일이 나아가는 과정. 순서
品階	품계	여러 벼슬자리에 대하여 매기던 등급

한자어	독음	뜻
孤立	고립	외따로 홀로 떨어짐
孤獨	고독	쓸쓸하고 외로움
穀食	곡식	사람의 식량이 되는 쌀·수수·조·보리·콩 등의 총칭
秋穀	추곡	가을에 거두는 곡식
困難	곤란	사정이 매우 딱하고 어려움. 또는 그런 일
困境	곤경	어려운 경우나 처지
乾坤	건곤	하늘과 땅
困窮	곤궁	가난하고 구차함
窮理	궁리	① 사물의 이치를 깊이 연구함 　② 마음속으로 이리저리 따져 깊이 생각함
無窮	무궁	끝이 없음
窮極	궁극	어떤 과정의 마지막이나 끝
勸告	권고	어떤 일을 하도록 권함. 또는 그런 말
勸善	권선	착한 일을 하도록 권장함
席卷	석권	자리를 말듯이 무서운 기세로 영토를 휩쓸거나 세력을 넓힘
勤儉	근검	부지런하고 검소함
勤勞	근로	부지런히 일함
幾何學	기하학	도형 및 공간에 관한 성질을 연구하는 수학의 한 부문
旣得權	기득권	특정한 자연인, 법인, 국가가 정당한 절차를 밟아 이미 차지한 권리
旣存	기존	이미 존재함
旣決	기결	이미 결정함 ↔ 未決(미결)
茶禮	차례	음력 매달 초하룻날과 보름날, 명절날, 조상 생일 등의 낮에 지내는 제사
茶飯事	다반사	'차를 마시고 밥을 먹는 일'이라는 뜻으로, 보통 있는 예사로운 일을 이르는 말
但只	단지	다만. 오직
但書	단서	법률 조문이나 문서에서, 본문 다음에 그에 대한 조건이나 예외를 나타내는 글
手段	수단	① 일을 처리해 나가는 솜씨와 꾀　② 목적을 이루기 위한 방법

한자어	독음	뜻
段落	단락	① 일이 어느 정도 다 된 끝 ② 긴 글을 내용에 따라 나눌 때, 하나하나의 짧은 이야기 토막
引導	인도	① 가르쳐 이끎 ② 길이나 장소를 안내함
導入	도입	끌어들임
半導體	반도체	전자 기구에 중요하게 쓰이는 재료로, 컴퓨터, 전자 제품, 통신 기기 등의 회로에 쓰임
主導	주도	앞장서서 어떤 일을 이끌어가거나 지도하는 것
羅列	나열	비슷한 것들을 차례대로 죽 벌여늘어놓는 것
卵子	난자	암컷의 생식 세포 ↔ 精子(정자)
鷄卵	계란	닭이 낳은 알. 달걀
要覽	요람	중요한 내용만 뽑아 간추려 놓은 책
遊覽	유람	여기저기 돌아다니며 구경함
風浪	풍랑	① 바람과 물결 ② 혼란과 시련을 비유적으로 이르는 말
浪費	낭비	돈·시간·물자 등을 아끼지 않고 함부로 쓰는 것
浪說	낭설	터무니없는 헛소문
花郞	화랑	〈역사〉 신라 때에 둔, 청소년의 민간 수양 단체. 심신의 단련과 사회의 선도를 이념으로 하였다. 花郞徒(화랑도)
新郞	신랑	곧 결혼할 남자나 갓 결혼한 남자 ↔ 新婦(신부)
淸涼	청량	맑고 서늘하다
納涼	납량	여름철에 더위를 피하여 서늘한 기운을 느낌
露出	노출	겉으로 드러나거나 드러냄
暴露	폭로	알려지지 않았거나 감춰져 있던 사실을 드러냄. 흔히 나쁜 일이나 음모 따위를 사람들에게 알리는 일
露宿	노숙	집 밖의 한데서 잠을 자는 것
保留	보류	당장 처리하지 않고 뒤로 미룸
留學	유학	외국에서 머물면서 공부함
晩學	만학	나이가 들어 뒤늦게 배움
早晩間	조만간	앞으로 곧. 머지않아
晩秋	만추	늦가을

한자어	독음	뜻
多忙	다망	매우 바쁨
忙中閑	망중한	바쁜 가운데 잠깐 얻어낸 틈
大麥	대맥	보리
小麥	소맥	밀
免許	면허	특정한 일을 할 수 있는 공식적인 자격을 행정 기관이 허가함. 또는 그런 일
風霜	풍상	① 바람과 서리 ② 많이 겪은 세상의 고난
秋霜	추상	가을의 찬 서리 *秋霜같다: 호령 따위가 위엄이 있고 서슬이 푸르다
高尚	고상	품위나 몸가짐이 속되지 아니하고 훌륭하다
喪失	상실	잃어버림. 없어지거나 사라짐
喪家	상가	사람이 죽어 장례를 치르는 집
初喪	초상	사람이 죽어서 장사 지낼 때까지의 일
象形	상형	어떤 물건의 모양을 본뜸. '상형문자'의 줄임말
現象	현상	관찰할 수 있는 사물의 모양과 형태. ↔ 本質(본질)
暴暑	폭서	매우 심한 더위. 불볕더위
寒暑	한서	① 추위와 더위 ② 겨울과 여름
今昔	금석	지금과 옛날
昔日	석일	옛적(이미 많은 세월이 지난 오래전 때) ↔ 來日(내일)
哀惜	애석	슬프고 아까움
賣惜	매석	금방 가격이 많이 오를 것을 예상하고 비싼 값을 받기 위하여 상인이 물건 팔기를 꺼리는 일
設計	설계	건설·공사·제작 등에 관하여 계획을 세워 자세하게 그림과 설명으로 나타냄
設立	설립	기관이나 단체 등을 새로 만들어 세움
設備	설비	어떤 목적에 필요한 기계·기구·건물 등을 갖춤
損傷	손상	① 물체가 깨지거나 상함 ② 병이 들거나 다침 ③ 품질이 변하여 나빠짐
損害	손해	물질적으로나 정신적으로 밑짐
損益	손익	손해와 이익
必須	필수	꼭 필요로 함

한자어	독음	뜻
長壽	장수	오래 삶
壽命	수명	① 생물이 살아 있는 연한 ② 사물 따위가 사용에 견디는 기간
秀才	수재	머리가 좋고 재주가 뛰어난 사람
秀作	수작	뛰어난 작품
叔父	숙부	아버지의 남동생. 작은아버지
淑女	숙녀	① 교양과 예의와 품격을 갖춘 점잖은 여자 ② 성숙한 여자를 아름답게 이르는 말
私淑	사숙	직접 가르침을 받지는 않았으나 마음속으로 그 사람을 본받아서 도나 학문을 닦음
崇尙	숭상	높여 소중히 여김
崇高	숭고	뜻이 높고 고상하다
乘客	승객	배·차·비행기 등을 타는 손님
便乘	편승	① 남이 타고 가는 차편을 얻어 타다 ② (비유적으로) 세태나 남의 세력을 이용하여 자신의 이익을 거두다
乘車券	승차권	교통수단을 이용하기 위하여 돈을 주고 사는 표
施設	시설	많은 사람이 같이 편리하게 쓰도록 만들어 놓은 큰 장치나 도구
布施	보시	자비심으로 남에게 재물이나 불법을 베풂
實施	실시	실제로 행하는 것
深夜	심야	깊은 밤
深化	심화	정도나 경지가 점점 깊어짐
水深	수심	물의 깊이
深層	심층	① 사물의 속이나 밑의 깊은 층 ② 드러나지 않은, 사물이나 사건의 깊숙한 내부
減免	감면	학비·세금·형벌 등을 줄여주거나 면제하는 일
免除	면제	책임이나 의무 따위를 면하여 줌
勉學	면학	학문에 힘씀
勤勉	근면	부지런히 일하며 힘씀
冬眠	동면	겨울이 되면 동물이 활동을 중단하고 땅속 따위에서 겨울을 보내는 일 = 겨울잠
休眠	휴면	쉬기만 하고 거의 활동을 하지 않음
共鳴	공명	한 물체가 외부의 음파에 자극을 받아 그와 같은 소리를 내는 것

한자어	독음	뜻
悲鳴	비명	위험·공포 등을 느낄 때 갑자기 지르는 외마디 소리
茂盛	무성	① 풀이나 나무 따위가 자라서 우거져 있다 ② 생각이나 말, 소문 따위가 마구 뒤섞이거나 퍼져서 많다
群舞	군무	여러 사람이 무리를 지어 춤을 춤
乾草	건초	베어서 말린 풀
墨客	묵객	글씨를 쓰거나 그림을 그리는 사람
水墨畵	수묵화	먹으로 짙고 엷음을 이용하여 그린 그림
勿論	물론	말할 것도 없이. 말할 것도 없음
苦杯	고배	① 쓴 술잔 ② 쓰라린 경험의 비유
乾杯	건배	건강·행복 등을 빌면서 서로 술잔을 들어 술을 마시는 일
分配	분배	몫몫이 고르게 나눔
配布	배포	신문이나 책자 등을 널리 나누어 줌
犯罪	범죄	죄를 지음. 또는 지은 죄
犯法	범법	법을 어김
相逢	상봉	서로 만남
逢變	봉변	뜻밖의 변이나 망신스러운 일을 당함
扶助	부조	① 남을 거들어 도와줌 ② 잔칫집·상가 등에 돈이나 물건 등을 보냄
扶養	부양	혼자 살아갈 능력이 없는 사람의 생활을 돌봄
浮上	부상	① 물 위로 떠오름 ② 어떤 현상이 관심의 대상이 되거나 눈에 뜨게 위로 올라섬
浮力	부력	기체나 액체 속에 있는 물체가 그 물체에 작용하는 압력에 의하여 중력에 반하여 위로 뜨려는 힘
副業	부업	주된 직업 외에 남는 시간을 이용하여 틈틈이 하는 일 ↔ 本業(본업)
副作用	부작용	본래의 목적했던 일과 함께 일어나는 작용. 대개 좋지 않은 경우를 이름
朋友	붕우	벗(비슷한 또래로서 서로 친하게 사귀는 사람)
神祕	신비	사람의 지혜나 상식으로는 설명할 수 없든가 도저히 이해할 수 없이 매우 놀랍고 신기한 일
祕密	비밀	① 숨기어 남에게 드러내거나 알리지 말아야 할 일 ② 밝혀지지 않았거나 알려지지 않은 내용
私立	사립	개인이 설립하여 관리하고 운영하는 것 ↔ 公立(공립)·國立(국립)

한자어	독음	뜻
發射	발사	활·총포·로켓이나 광선·음파 따위를 쏘는 일
反射	반사	의지와는 관계없이, 자극에 대하여 일정한 반응을 기계적으로 일으키는 현상
反射	반사	일정한 방향으로 나아가던 파동이 다른 물체의 표면에 부딪혀서 나아가던 방향을 반대로 바꾸는현상
公私	공사	① 공공의 일과 사사로운 일 ② 사회(정부)와 개인(민간)
傷處	상처	① 부상한 자리 ② 피해를 입은 흔적
殺傷	살상	사람을 죽이거나 상처를 입힘
傷心	상심	슬픔이나 걱정 등으로 마음을 상함
傷害	상해	남의 몸에 상처를 내어 해를 입힘
休息	휴식	잠깐 쉼
消息	소식	① 안부를 전하는 말이나 글 ② 상황이나 동정을 알리는 보도
童顔	동안	① 어린아이의 얼굴 ② 나이 든 사람이 지니고 있는 어린아이 같은 얼굴
顔面	안면	① 얼굴(눈, 코, 입이 있는 머리의 앞면) ② 서로 얼굴을 알 만한 친분
顔色	안색	얼굴빛(얼굴에 나타나는 표정이나 빛깔)
巖石	암석	지각을 구성하고 있는 단단한 물질
信仰	신앙	신이나 초자연적인 절대자를 믿고 받드는 일
崇仰	숭앙	높여 우러러 봄
悲哀	비애	슬픔과 설움
哀歡	애환	슬픔과 기쁨
哀切	애절	몹시 애처롭고 슬프다
及其也	급기야	마침내는. 마지막에 가서는
浮揚	부양	가라앉은 것이 떠오름. 또는 떠오르게 함
止揚	지양	더 높은 단계로 오르기 위하여 어떤 것을 하지 않음
讓步	양보	① 길이나 자리, 물건 따위를 사양하여 남에게 미루어 줌 ② 남을 위하여 자신의 이익을 희생함
分讓	분양	① 전체를 여러 부분으로 갈라서 여럿에게 나누어 줌 ② 토지나 건물 따위를 나누어 팖
於中間	어중간	거의 중간쯤 되는 곳. 또는 그런 상태

한자어	독음	뜻
於此彼	어차피	이렇게 하든지 저렇게 하든지. 또는 이렇게 되든지 저렇게 되든지
記憶	기억	지난 일을 잊지 아니함. 또는 그 내용
追憶	추억	지나간 일을 돌이켜 생각함. 또는 그런 생각이나 일
嚴格	엄격	말, 태도, 규칙 따위가 매우 엄하고 철저함. 또는 그런 품격
嚴禁	엄금	엄하게 금지함
嚴重	엄중	① 몹시 엄함 ② 엄격하고 정중함
嚴密	엄밀	① 매우 비밀하다 ② 조그만 빈틈이나 잘못이라도 용납하지 아니할 만큼 엄격하고 세밀하다
亦是	역시	① 또한(어떤 것을 전제로 하고 그것과 같게) ② 생각하였던 대로 ③ 예전과 마찬가지로
交易	교역	주로 나라와 나라 사이에서 물건을 사고팔고 하여 서로 바꿈
難易度	난이도	어려움과 쉬움의 정도
地域	지역	① 일정하게 구획된 어느 범위의 토지 ② 전체 사회를 어떤 특징으로 나눈 일정한 공간 영역
區域	구역	갈라놓은 지역
悅樂	열락	① 기뻐하고 즐거워함 ② 유한한 욕구를 넘어서서 얻는 큰 기쁨
喜悅	희열	기쁨과 즐거움. 또는 기뻐하고 즐거워함
暴炎	폭염	매우 심한 더위
炎涼	염량	① 더위와 서늘함 ② 선악과 시비를 분별하는 슬기 ③ 세력의 성함과 쇠함
鼻炎	비염	콧속 점막의 염증
迎入	영입	환영하여 맞아들임
迎合	영합	① 사사로운 이익을 위하여 아첨하며 좇음 ② 서로 뜻이 맞음
歡迎	환영	오는 사람을 기쁜 마음으로 반갑게 맞음
移讓	이양	남에게 넘겨 줌
安易	안이	① 너무 쉽게 여기는 태도나 경향이 있다 ② 근심이 없이 편안하다
領域	영역	① 한 나라의 주권이 미치는 범위. 영토, 영해, 영공으로 구성됨 ② 활동, 기능, 효과, 관심 따위가 미치는 일정한 범위
三足烏	삼족오	① 동양 신화에 나오는, 태양 속에서 산다는 세 발을 가진 까마귀 ② '태양(太陽)'을 달리 이르는 말
悟悅	오열	깨닫고 기뻐함

한자어	독음	뜻
大悟	대오	크게 깨달음. 똑똑히 이해함
瓦解	와해	조직이나 계획 따위가 무너져 흩어짐
臥室	와실	잠을 자는 방 = 침실
臥病	와병	병으로 자리에 누움. 병을 앓음
欲求	욕구	무엇을 얻거나 무슨 일을 바라고 원함
欲念	욕념	욕심
憂患	우환	① 근심이나 걱정이 되는 일 ② 병으로 인한 걱정
憂愁	우수	근심과 걱정
于先	우선	① 어떤 일에 앞서서 ② 아쉬운 대로. 그럭저럭
宇宙	우주	무한한 시간과 만물을 포함하고 있는 끝없는 공간의 총체
云云	운운	여러 가지 말 *云云하다: 이러쿵저러쿵 말하다
怨望	원망	못마땅하게 여기어 탓하거나 불평을 품고 미워함
怨恨	원한	원통하고 억울한 일을 당하여 응어리진 마음
威嚴	위엄	점잖고 엄숙함
權威	권위	① 남을 지휘하거나 통솔하여 따르게 하는 힘 ② 일정한 분야에서 사회적으로 인정을 받고 영향력을 끼칠 수 있는 위신
猶不足	유부족	① 아직도 모자람 ② 오히려 부족함
外遊	외유	외국에 여행함
遊說	유세	자기 의견 또는 자기 소속 정당의 주장을 선전하며 돌아다님
吟味	음미	① 내용이나 속뜻을 깊이 새겨가며 감상하거나 따져 보다 ② (음식의 맛과 향을) 즐기면서 맛보다
遊學	유학	고향을 떠나 타향에서 공부함
遊牧	유목	물과 풀밭을 따라 옮겨 다니면서 가축을 기르는 일
柔弱	유약	부드럽고 약하다
溫柔	온유	성질이 온화하고 부드러움
儒林	유림	유학을 공부하는 사람들
儒學	유학	중국의 공자사상을 근본으로 하고 사서오경을 경전으로 삼아 정치·도덕의 실천을 중시하는 학문

한자어	독음	뜻
幼兒	유아	학교 다니기 전의 어린아이
唯一	유일	오직 그것 하나 뿐
唯心	유심	모든 존재는 마음에서 비롯되는 것 ↔ 唯物(유물)
吟遊	음유	시를 지어 읊으며 여기저기 떠돌아다님
感泣	감읍	감격하여 흐느낌
泣請	읍청	울면서 간절히 청함
議論	의논	어떤 일에 대하여 서로 의견을 주고받음
建議	건의	의견이나 바라는 사실을 정식으로 내놓는 것. 또는 그런 의견이나 사실
而立	이립	공자가 서른 살에 자립했다고 한 데서 나온 말
形而上學	형이상학	사물의 근본이나 존재 원리를 사유나 직관으로 연구하는 학문 ↔ 形而下學(형이하학)
已往	이왕	① 지금보다 이전 ② '이왕에'의 준말
不得已	부득이	마지못하여 하는 수 없이 = 不得不(부득불)
忍苦	인고	괴로움을 참음
目不忍見	목불인견	눈뜨고는 차마 볼 수가 없음
慈悲	자비	남을 사랑하고 가엾게 여김 ↔ 無慈悲(무자비)
慈愛	자애	아랫사람에게 베푸는 도타운 사랑
腸炎	장염	창자의 점막에 생기는 염증
斷腸	단장	몹시 슬퍼 창자가 끊어지는 듯함
植栽	식재	초목을 심어 재배함
快哉	쾌재	마음먹은 대로 일이 잘되어 만족스럽게 여김
哀哉	애재	'슬프도다'의 뜻으로, 슬퍼서 울고 싶은 상태일 때 하는 말
著者	저자	'著作者'의 준말로, 글로 써서 책을 지어 낸 사람 = 지은이
名著	명저	훌륭한 저술 또는 유명한 저서
積極	적극	어떤 일에 의욕적이고 능동적으로 바싹 다잡아서 활동함 ↔ 소극(消極)
體積	체적	부피
轉學	전학	딴 학교로 옮겨가서 배움

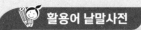

한자어	독음	뜻
移轉	이전	① 장소나 주소 따위를 다른 데로 옮김　② 권리 따위를 남에게 넘겨주거나 또는 넘겨받음
本錢	본전	① 꾸어 주거나 맡긴 돈에 이자를 붙이지 아니한 돈 ② 장사나 사업을 할 때 본밑천으로 들인 돈 ③ 원가 또는 그것에 해당하는 돈
錢主	전주	사업 밑천을 대는 사람
安靜	안정	몸과 마음이 편안하고 고요함
動靜	동정	① 움직임과 정지　② 일이나 현상이 벌어지고 있는 낌새
不淨	부정	깨끗하지 못하다
淨化	정화	불순하거나 더러운 것을 깨끗하게 함
貞淑	정숙	여자의 행실이 곧고 마음씨가 맑고 고움
頂上	정상	① 산 따위의 맨 꼭대기　② 그 이상 더없는 최고의 상태　③ 한 나라의 최고 수뇌
絶頂	절정	① 산의 맨 꼭대기　② 사물의 진행이나 발전이 최고의 경지에 달한 상태
諸君	제군	'여러분'의 뜻으로 손아랫사람에게 쓰는 말
諸島	제도	① 모든 섬. 또는 여러 섬 ② 어떤 해역에 흩어져 있는 많은 섬을 통틀어 일컫는 말 = 群島(군도)
帝王	제왕	황제와 국왕
帝國	제국	황제가 다스리는 국가
打鐘	타종	종을 침
服從	복종	남의 명령이나 의사를 그대로 쫓아서 따름
從事	종사	① 어떤 일에 마음과 힘을 다함　② 어떤 일을 일삼아서 함
從前	종전	지금보다 이전
酒店	주점	술집
飮酒	음주	술을 마심
宇宙船	우주선	지구를 벗어나 우주의 공간을 비행하도록 만든 기계
警鐘	경종	① 위급한 일이나 비상사태를 알리는 신호 ② 잘못된 일이나 위험한 일에 대하여 경계하여 주는 주의나 충고
水準	수준	① 사물의 가치나 질 따위의 기준이 되는 일정한 표준이나 정도　② '수준기'의 준말
基準	기준	종류를 나누거나 비교를 하거나 정도를 구별하기 위하여 따르는 일정한 원칙

한자어	독음	뜻
準備	준비	미리 마련해 갖춤
卽席	즉석	① 그 자리. 앉은 자리 　② 그 자리에서 만듦
卽位	즉위	임금의 자리에 오름 ↔ 退位(퇴위)
未曾有	미증유	지금까지 한 번도 있어 본 적이 없음
曾祖父	증조부	아버지의 할아버지. 증조할아버지
證明	증명	① 증거로써 사물을 밝혀 확실하게 함 　② '증명서'의 준말
保證	보증	어떤 사물이나 사람에 대하여 책임지고 틀림이 없음을 증명함
枝葉	지엽	① 식물의 가지와 잎 　② 본질적이거나 중요하지 아니하고 부차적인 부분
但只	단지	다만. 오직
只今	지금	이제. 바로 이때
智勇	지용	지혜와 용기
極盡	극진	마음과 힘을 다하여 애를 쓰는 것이 매우 지극하다
仁義禮智	인의예지	사람으로서 갖추어야 할 네 가지 마음가짐, 곧 어짊(仁)과 의로움(義)과 예의(禮)와 지혜(知)
賣盡	매진	남김없이 다 팔림
執着	집착	어떤 것에 마음이 쏠려 잊지 못하고 매달림
固執	고집	자기 의견을 굳게 내세워 버팀
執行	집행	① 실제로 시행함 　② 법률, 명령, 재판, 처분 따위의 내용을 실행하는 일
重且大	중차대	① 매우 중요하고 또 큰 일임 　② 무겁고도 큼
假借	가차	① 임시로 빌림 　② 사정을 보아줌
借名	차명	남의 이름을 빌려 씀
此後	차후	이 뒤
如此	여차	일이 뜻대로 되지 아니하다
昌盛	창성	일이나 기세 따위가 크게 일어나 잘되어 감
野菜	야채	채소
菜食	채식	고기를 피하고 야채·과일 등의 식물성 음식물만을 먹음
採用	채용	① 사람을 골라서 씀 　② 어떤 의견, 방안 등을 고르거나 받아들여서 씀

한자어	독음	뜻
伐採	벌채	나무를 베어내거나 섶을 깎아 냄
採集	채집	널리 찾아서 얻거나 캐거나 잡아 모으는 일
妻家	처가	아내의 본집. 처갓집
妻子	처자	아내와 자식. 처자식
尺度	척도	① 자로 잰 길이 ② 평가나 판단의 기준
溫泉	온천	지열에 의하여 지하수가 그 지역의 평균 기온 이상으로 데워져 솟아 나오는 샘
源泉	원천	① 물이 흘러나오는 근원 ② 사물의 근원
深淺	심천	깊음과 얕음
淺學	천학	학식이 얕음
快晴	쾌청	구름 한 점 없이 상쾌하도록 날씨가 맑다
晴天	청천	맑게 갠 하늘
招來	초래	① 어떤 결과를 가져오게 함 ② 불러서 오게 함
招請	초청	사람을 청하여 부름
總力	총력	전체의 모든 힘
總合	총합	전부를 합함
推進	추진	① 물체를 밀어 앞으로 보냄 ② 목표를 향해 밀고 나아감
類推	유추	같은 종류의 것 또는 비슷한 것에 기초하여 다른 사물을 미루어 추측하는 일
追憶	추억	지난 일을 돌이켜 생각함
追求	추구	목적을 이룰 때까지 뒤쫓아 구함
就業	취업	직장에 나아가 일함 = 就職(취직)
成就	성취	목적한 바를 이룸
吹打	취타	① 예전에 군대에서, 관악기와 타악기를 연주하던 일 ② 관악기를 불고 타악기를 침
吹入	취입	① 공기 따위를 불어 넣음 ② 레코드나 녹음기의 녹음판에 소리를 넣음
深層	심층	① 사물의 속이나 밑에 있는 깊은 층 ② 겉으로 드러나지 않은, 사물이나 사건의 내부 깊숙한 곳
階層	계층	사회를 형성하는 여러 층
泰山	태산	① 높고 큰 산 ② 크고 많음을 비유하는 말

한자어	독음	뜻
泰平	태평	① 세상이 안정되어 아무런 걱정이 없고 평안함 ② 아무 근심 걱정이 없음
齒痛	치통	이가 쑤시거나 아픈 증세
痛快	통쾌	아주 유쾌하고 시원함
投身	투신	① 어떤 직업이나 분야 따위에 몸을 던져 일을 함 ② 목숨을 끊기 위하여 몸을 던짐
投入	투입	① 던져 넣음 ② 사람이나 물자, 자본 따위를 필요한 곳에 넣음
長篇	장편	내용이 길고 복잡한 소설이나 영화 따위를 통틀어 이르는 말 ↔ 短篇(단편)
玉篇	옥편	한자를 모아 일정한 순서로 늘어놓고 글자 하나하나의 뜻과 음을 풀이한 책 = 字典(자전)
細胞	세포	생물체를 이루는 기본 단위
同胞	동포	같은 겨레나 민족
丹楓	단풍	① 늦가을에 식물의 잎이 붉고 누르게 변하는 일 ② '단풍나무'의 준말
豊年	풍년	농사가 잘된 해
豊盛	풍성	넉넉하고 많음. 또는 그런 느낌
表皮	표피	① 동물체의 표면을 덮고 있는 피부의 상피 조직 ② 고등 식물체의 표면을 덮고 있는 조직
毛皮	모피	털이 붙은 채로 벗긴 짐승의 가죽
彼此	피차	이것과 저것, 이쪽과 저쪽의 양쪽
疲勞	피로	과로로 정신이나 몸이 지쳐 힘듦. 또는 그런
疲困	피곤	몸이나 마음이 지치어 고달픔
配匹	배필	부부로서의 짝
匹敵	필적	능력·세력 등이 엇비슷하여 서로 견줄만 함
何必	하필	어찌하여 꼭 그렇게
賀禮	하례	축하하여 예를 차림
祝賀	축하	남의 경사를 기뻐하고 즐거워한다는 뜻으로 인사함
閑散	한산	① 일이 없어 한가하다 ② 인적이 드물어 한적하고 쓸쓸하다
閑談	한담	심심하거나 한가할 때 나누는 이야기. 또는 별로 중요하지 아니한 이야기
痛恨	통한	몹시 분하거나 억울하여 한스럽게 여김
哀恨	애한	슬퍼하고 한스러워함. 또는 슬픔과 한

한자어	독음	뜻
恒常	항상	언제나 변함없이. 늘
恒時	항시	늘. 언제나
皮革	피혁	날가죽과 무두질한 가죽
革命	혁명	이전의 관습이나 제도, 방식 따위를 단번에 깨뜨리고 질적으로 새로운 것을 급격하게 세우는 일
刑罰	형벌	범죄에 대한 법률의 효과로서 국가 따위가 범죄자에게 제재를 가함. 또는 그 제재
虎皮	호피	범의 털가죽
虎視	호시	범과 같이 날카로운 눈초리로 사방을 둘러봄
斷乎	단호	결심이나 태도, 입장 따위가 과단성 있고 엄격하다
混合	혼합	뒤섞어 한데 합함
混同	혼동	① 구별하지 못하고 뒤섞어서 생각함 ② 서로 뒤섞이어 하나가 됨
結婚	결혼	남녀가 부부관계를 맺음
婚禮	혼례	혼례식의 준말
紅一點	홍일점	① 푸른 잎 가운데 피어 있는 한 송이의 붉은 꽃 ② 많은 남자 사이에 끼어 있는 한 사람의 여자를 비유함
環境	환경	생물에게 직접 · 간접으로 영향을 주는 자연적 조건이나 사회적 상황
一環	일환	서로 밀접한 관계로 연결되어 있는 여러 것 가운데 한 부분
歡呼	환호	기뻐서 큰 소리로 부르짖음
哀歡	애환	슬픔과 기쁨
皇帝	황제	왕이나 제후를 거느리고 나라를 통치하는 임금을 왕이나 제후와 구별하여 이르는 말
皇命	황명	황제의 명령
厚待	후대	후하게 대접함
厚德	후덕	덕이 두터움
胸中	흉중	가슴속. 마음. 생각
胸部	흉부	가슴부분. 호흡기
歡喜	환희	즐겁고 기쁨
喜悲	희비	기쁨과 슬픔

유의어			유의어		
減(덜 감)	=	損(덜 손)	朋(벗 붕)	=	友(벗 우)
改(고칠 개)	=	革(바꿀 혁)	悲(슬플 비)	=	哀(슬플 애)
乾(하늘 건)	=	天(하늘 천)	貧(가난할 빈)	=	困(곤할 곤)
堅(굳을 견)	=	固(굳을 고)	喪(잃을 상)	=	失(잃을 실)
境(지경 경)	=	域(지경 역)	暑(더울 서)	=	熱(더울 열)
慶(경사 경)	=	賀(하례할 하)	暑(더울 서)	=	炎(불꽃 염)
階(섬돌 계)	=	級(등급 급)	壽(목숨 수)	=	命(목숨 명)
古(예 고)	=	昔(예 석)	崇(높을 숭)	=	尙(높을 상)
觀(볼 관)	=	覽(볼 람)	施(베풀 시)	=	設(베풀 설)
敎(가르칠 교)	=	導(이끌 도)	植(심을 식)	=	栽(심을 재)
區(구역 구)	=	域(지경 역)	顔(얼굴 안)	=	面(낯 면)
窮(다할 궁)	=	盡(다할 진)	憶(생각할 억)	=	念(생각 념)
窮(막힐 궁)	=	困(곤할 곤)	悅(기쁠 열)	=	樂(즐길 락)
極(지극할 극)	=	盡(다할 진)	炎(불꽃 염)	=	熱(더울 열)
金(쇠 금)	=	鋼(강철 강)	勇(날랠 용)	=	敢(감히 감)
羅(벌일 라)	=	列(벌일 렬)	憂(근심 우)	=	愁(근심 수)
段(층계 단)	=	階(섬돌 계)	宇(집 우)	=	宙(집 주)
單(홑 단)	=	孤(외로울 고)	憂(근심 우)	=	患(근심 환)
但(다만 단)	=	只(다만 지)	怨(원망할 원)	=	恨(한 한)
發(쏠 발)	=	射(쏠 사)	柔(부드러울 유)	=	弱(약할 약)
變(변할 변)	=	易(바꿀 역)	引(끌 인)	=	導(이끌 도)
變(변할 변)	=	革(바꿀 혁)	仁(어질 인)	=	慈(사랑 자)
逢(만날 봉)	=	遇(만날 우)	慈(사랑 자)	=	愛(사랑 애)
扶(도울 부)	=	助(도울 조)	轉(구를 전)	=	移(옮길 이)
副(버금 부)	=	次(버금 차)	淨(깨끗할 정)	=	潔(깨끗할 결)
分(나눌 분)	=	配(나눌 배)	停(머무를 정)	=	留(머무를 류)

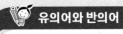
유의어		
帝(임금 제)	=	王(임금 왕)
朱(붉을 주)	=	紅(붉을 홍)
進(나아갈 진)	=	就(나아갈 취)
察(살필 찰)	=	覽(볼 람)
昌(창성할 창)	=	盛(성할 성)
鐵(쇠 철)	=	鋼(강철 강)
淸(맑을 청)	=	淑(맑을 숙)
層(층 층)	=	階(섬돌 계)
波(물결 파)	=	浪(물결 랑)
表(겉 표)	=	皮(가죽 피)
豊(풍년 풍)	=	足(넉넉할 족)
豊(풍년 풍)	=	厚(두터울 후)

유의어		
疲(지칠 피)	=	困(곤할 곤)
皮(가죽 피)	=	革(가죽 혁)
寒(찰 한)	=	涼(서늘할 량)
革(바꿀 혁)	=	易(바꿀 역)
刑(형벌 형)	=	罰(벌줄 벌)
形(모양 형)	=	象(모양 상)
歡(기쁠 환)	=	樂(즐길 락)
歡(기쁠 환)	=	喜(기쁠 희)
皇(임금 황)	=	帝(임금 제)
訓(가르칠 훈)	=	導(이끌 도)
喜(기쁠 희)	=	樂(즐길 락)
喜(기쁠 희)	=	悅(기쁠 열)

반의어		
去(갈 거)	↔	留(머무를 류)
乾(하늘 건)	↔	坤(땅 곤)
公(공평할 공)	↔	私(사사 사)
今(이제 금)	↔	昔(예 석)
冷(찰 랭)	↔	炎(불꽃 염)
老(늙을 로)	↔	幼(어릴 유)
旦(아침 단)	↔	暮(저물 모)
動(움직일 동)	↔	靜(고요할 정)
得(얻을 득)	↔	喪(잃을 상)
夫(남편 부)	↔	妻(아내 처)
悲(슬플 비)	↔	歡(기쁠 환)
損(덜 손)	↔	得(얻을 득)
損(덜 손)	↔	益(더할 익)
送(보낼 송)	↔	迎(맞을 영)
深(깊을 심)	↔	淺(얕을 천)
哀(슬플 애)	↔	樂(즐길 락)
哀(슬플 애)	↔	歡(기쁠 환)
炎(불꽃 염)	↔	涼(서늘할 량)

반의어		
恩(은혜 은)	↔	怨(원망할 원)
恩(은혜 은)	↔	恨(한 한)
任(맡길 임)	↔	免(면할 면)
長(어른 장)	↔	幼(어릴 유)
正(바를 정)	↔	副(버금 부)
坐(앉을 좌)	↔	臥(누울 와)
增(더할 증)	↔	損(덜 손)
集(모을 집)	↔	配(나눌 배)
晴(갤 청)	↔	陰(그늘 음)
投(던질 투)	↔	打(칠 타)
豊(풍년 풍)	↔	凶(흉할 흉)
皮(가죽 피)	↔	骨(뼈 골)
彼(저 피)	↔	我(나 아)
彼(저 피)	↔	此(이 차)
閑(한가할 한)	↔	忙(바쁠 망)
寒(찰 한)	↔	暑(더울 서)
胸(가슴 흉)	↔	背(등 배)
喜(기쁠 희)	↔	怒(성낼 노)

한자	독음	뜻
加減乘除	가감승제	덧셈, 뺄셈, 곱셈, 나눗셈을 아울러 이르는 말
敢不生心	감불생심	감히 엄두도 내지 못함 = 焉敢生心(언감생심)
開卷有益	개권유익	책을 펴서 읽으면 반드시 이로움이 있다는 뜻으로, 독서를 권장하는 말
乾木生水	건목생수	마른나무에서 물이 난다는 뜻으로, 아무것도 없는 사람에게 무리하게 무엇을 내라고 요구함을 이르는 말 = 乾木水生(건목수생)
見善如渴	견선여갈	착한 일을 보기를 마치 목마른 것 같이 하라는 뜻
驚天動地	경천동지	하늘을 놀라게 하고 땅을 뒤흔든다는 뜻으로, 세상을 몹시 놀라게 함을 비유적으로 이르는 말
鷄口牛後	계구우후	닭의 부리와 소의 꼬리라는 뜻으로, 큰 단체의 꼴찌보다는 작은 단체의 우두머리가 되는 것이 오히려 나음을 이르는 말
鷄卵有骨	계란유골	달걀에도 뼈가 있다는 뜻으로, 운수가 나쁜 사람은 모처럼 좋은 기회를 만나도 역시 일이 잘 안됨을 이르는 말
計無所施	계무소시	꾀는 있으나 쓸 만한 곳이 없음
孤立無依	고립무의	고립되어 의지할 데가 없음
孤城落日	고성낙일	외딴 성과 서산에 지는 해라는 뜻으로, 세력이 다하고 남의 도움이 없는 매우 외로운 처지를 이르는 말
苦盡甘來	고진감래	쓴 것이 다하면 단 것이 온다는 뜻으로, 고생 끝에 즐거움이 옴을 이르는 말
固執不通	고집불통	조금도 융통성이 없이 자기주장만 계속 내세우는 일
困而得之	곤이득지	학문이나 작품 따위를 고생한 끝에 이루어 냄
困而知之	곤이지지	지식 등을 고생하며 공부한 끝에 얻음 三知(도를 깨닫는 知의 세 단계) – 生而知之, 學而知之, 困而知之
空卽是色	공즉시색	이 세상의 모든 것은 실체가 없는 현상에 지나지 않지만, 그 현상의 하나하나가 그대로 실체라는 말
公私多忙	공사다망	공적(公的 공공에 관계있는)·사적(私的 개인에 관계되는)인 일 등으로 매우 바쁨
公平無私	공평무사	공평하여 사사로움이 없음
過猶不及	과유불급	정도를 지나침은 미치지 못함과 같다는 뜻으로, 중용이 중요함을 이르는 말
九重深處	구중심처	밖으로 잘 드러나지 않는 깊숙한 곳 = 九重宮闕(구중궁궐)
近墨者黑	근묵자흑	먹을 가까이하는 사람은 검어진다는 뜻으로, 나쁜 사람과 가까이 지내면 나쁜 버릇에 물들기 쉬움을 비유적으로 이르는 말

한자	독음	뜻
今昔之感	금석지감	지금과 옛날의 차이가 너무 심하여 생기는 느낌
急轉直下	급전직하	사정이나 형세가 걷잡을 수 없을 만큼 급작스럽게 전개됨
幾死之境	기사지경	거의 죽게 된 경우나 상황
起承轉結	기승전결	시문을 지을 때 글의 첫머리를 기, 그 뜻을 이어받아 쓰는 것을 승, 뜻을 한번 부연시키는 것을 전, 전체를 맺는 것을 결이라 함
旣往之事	기왕지사	이왕에 지나간 일
金枝玉葉	금지옥엽	금으로 된 가지와 옥으로 된 잎이라는 뜻으로, 귀한 자손을 이르는 말
老馬之智	노마지지	늙은 말의 지혜라는 뜻으로, 연륜이 깊으면 나름의 장점과 특기가 있음
老士宿儒	노사숙유	학식이 많고 덕망이 높은 나이 많은 선비
勞而無功	노이무공	애는 썼으나 보람이 없음을 이르는 말
多事多忙	다사다망	일이 많아 몹시 바쁨
談虎虎至	담호호지	호랑이도 제 말을 하면 온다는 뜻으로, 이야기에 오른 사람이 마침 그 자리에 나타남을 이르는 말
大器晚成	대기만성	큰 그릇을 만드는 데는 시간이 오래 걸린다는 뜻으로, 크게 될 사람은 늦게 이루어짐을 이르는 말
大驚失色	대경실색	몹시 놀라 얼굴빛이 하얗게 질림
德業相勸	덕업상권	향약의 네 가지 덕목 가운데 하나. 좋은 일은 서로 권하여 장려해야 함을 이름
獨也靑靑	독야청청	남들이 모두 절개를 꺾는 상황 속에서도 홀로 절개를 굳세게 지키고 있음을 비유적으로 하는 말
得意揚揚	득의양양	뜻한 바를 이루어 우쭐거리며 뽐냄
馬脚露出	마각노출	말의 다리가 드러난다는 뜻으로, 숨기려던 정체가 드러남을 이르는 말
萬古不易	만고불역	아주 오랜 세월 동안 바뀌지 아니함
萬古風霜	만고풍상	아주 오랜 세월 동안 겪어 온 많은 고생
晚食當肉	만식당육	배가 고플 때는 무엇을 먹든지 고기 맛과 같음
亡國之恨	망국지한	나라가 망하여 없어진 것에 대한 한
忙中有閑	망중유한	바쁜 가운데 한가한 겨를이 있음 = 忙中閑(망중한)
明鏡止水	명경지수	맑은 거울과 고요한 물이라는 뜻으로, 올바르지 못한 그릇된 생각이 전혀 없는 깨끗한 마음을 비유해 이르는 말

한자	독음	뜻
目不忍見	목불인견	눈앞에 벌어진 상황 따위를 눈 뜨고는 차마 볼 수 없음
無窮無盡	무궁무진	끝이 없고 다함이 없음
無病長壽	무병장수	병 없이 건강하게 오래 삶
無事泰平	무사태평	아무 탈 없이 편안함
無錢旅行	무전여행	여행에 드는 돈을 미리 준비하지 않은 채로 다니는 여행
無血革命	무혈혁명	피를 흘리지 아니하고 평화적 수단으로 이루는 혁명
物我一體	물아일체	외물과 자아, 객관과 주관, 또는 물질계와 정신계가 어울려 하나가 됨
百家爭鳴	백가쟁명	많은 학자나 논객들이 자기의 학설이나 주장을 자유롭게 발표하여, 논쟁하고 토론하는 일
白衣從軍	백의종군	벼슬 없이 군대를 따라 싸움터로 감
別有乾坤	별유건곤	좀처럼 볼 수 없는 아주 좋은 세상 = 別有天地(별유천지)
本非我物	본비아물	본디 내 것이 아니라는 뜻으로, 뜻밖에 얻은 물건은 잃어버려도 과히 섭섭할 것이 없음을 이르는 말
不可思議	불가사의	사람의 생각으로는 미루어 헤아릴 수 없이 이상하고 야릇함
富貴榮華	부귀영화	재산이 많고 지위가 높으며 귀하게 되어서 세상에 드러나 온갖 영광을 누림
不眠不休	불면불휴	자지도 않고 쉬지도 않는다는 뜻으로, 조금도 쉬지 않고 힘써 일함을 이르는 말
浮雲富貴	부운부귀	뜬구름같이 덧없는 부귀라는 뜻으로, 옳지 못한 방법으로 얻은 부귀를 이르는 말
父慈子孝	부자자효	부모는 자녀에게 자애로워야 하고, 자녀는 부모에게 효성스러워야 함을 이르는 말
朋友有信	붕우유신	오륜의 하나. 벗과 벗 사이의 도리는 믿음에 있음을 이름
非禮勿視	비례물시	예가 아니면 보지도 말라는 말
森羅萬象	삼라만상	우주에 있는 온갖 사물과 현상
三人成虎	삼인성호	세 사람이면 없던 호랑이도 만든다는 뜻으로, 거짓말이라도 여러 사람이 말하면 남이 참말로 믿기 쉽다는 말
三尺童子	삼척동자	키가 석 자 정도밖에 되지 않는 어린아이
傷弓之鳥	상궁지조	한 번 화살에 맞은 새는 구부러진 나무만 보아도 놀란다는 뜻으로, 한 번 혼이 난 일로 늘 의심과 두려운 마음을 품는 것을 이르는 말
相扶相助	상부상조	서로 도움

한자	독음	뜻
色卽是空	색즉시공	반야심경에 나오는 말. 색이란 유형(有形)의 만물을 말하며, 이 만물은 모두 일시적인 모습일 뿐 그 실체는 없다는 뜻
生而知之	생이지지	학문을 닦지 않아도 태어나면서부터 안다는 뜻으로, 생지(生知)하는 성인을 이르는 말
先公後私	선공후사	공적인 일을 먼저 하고 사사로운 일은 뒤로 미룸
雪上加霜	설상가상	눈 위에 서리가 덮인다는 뜻으로, 난처한 일이나 불행한 일이 잇따라 일어남을 이르는 말
歲寒孤節	세한고절	추운 계절에도 혼자 푸르른 대나무라는 뜻으로, 온갖 시련에도 굳은 지조를 비유하는 말
所願成就	소원성취	원하던 바를 이룸
損者三友	손자삼우	사귀었을 때 자신에게 손해를 끼칠 세 유형의 벗. 편벽한 벗, 말만 잘하고 성실하지 못한 벗, 착하기만 하고 줏대가 없는 벗을 이름
送舊迎新	송구영신	묵은해를 보내고 새해를 맞음
識字憂患	식자우환	학식이 있는 것이 오히려 근심을 사게 됨
十年減壽	십년감수	수명이 십 년이나 줄 정도로 위험한 고비를 겪음
羊質虎皮	양질호피	속은 양이고 거죽은 범이라는 뜻으로, 본바탕은 아름답지 아니하면서 겉모양만 꾸밈을 비유적으로 이르는 말
言則是也	언즉시야	말인즉 옳음
嚴冬雪寒	엄동설한	눈 내리는 깊은 겨울의 심한 추위
女必從夫	여필종부	아내는 반드시 남편을 따라야 한다는 말
易地思之	역지사지	처지를 바꾸어서 생각하여 봄
吾鼻三尺	오비삼척	내 코가 석자라는 뜻으로, 자기 사정이 급하여 남을 돌볼 겨를이 없음을 이르는 말
烏合之卒	오합지졸	까마귀가 모인 것 같은 무리라는 뜻으로, 질서 없이 어중이떠중이가 모인 군중 또는 제각기 보잘것없는 수많은 사람
玉皇上帝	옥황상제	흔히 도가에서, 하느님을 이르는 말
曰可曰否	왈가왈부	어떤 일에 대하여 옳거니 옳지 아니하거니 하고 말함
外華內貧	외화내빈	겉은 화려하나 속은 빈곤함
樂此不疲	요차불피	좋아서 하는 일은 아무리 해도 지치지 않음을 이르는 말
欲速不達	욕속부달	일을 빨리하려고 하면 도리어 이루지 못함
憂國之心	우국지심	나랏일을 근심하고 염려하는 마음

한자	독음	뜻
宇宙萬物	우주만물	우주 안에 있는 온갖 사물
威風堂堂	위풍당당	풍채나 기세가 위엄 있고 떳떳함
流浪生活	유랑생활	정처 없이 떠돌아다니며 사는 일
柳綠花紅	유록화홍	초록빛 버들잎과 붉은 꽃이라는 뜻으로, 봄의 자연 경치를 이르는 말
唯我獨尊	유아독존	① 이 세상에 나보다 존귀한 사람은 없다는 뜻 ② 세상에서 자기 혼자 잘났다고 뽐내는 태도
類類相從	유유상종	같은 무리끼리 서로 사귐
唯一無二	유일무이	오직 하나뿐이고 둘도 없음
遊必有方	유필유방	먼 곳에 갈 때는 반드시 그 행방을 알려야 한다는 뜻
六何原則	육하원칙	언론계에서, 뉴스 보도에 반드시 담겨져야 할 여섯 가지 기본 요소, 곧 누가, 언제, 어디서, 무엇을, 왜, 어떻게를 일컫는 말
意氣揚揚	의기양양	뜻한 바를 이루어 만족한 마음이 얼굴에 나타난 모양
意氣投合	의기투합	마음이나 뜻이 서로 맞음
意味深長	의미심장	뜻이 매우 깊음
以卵投石	이란투석	달걀로 돌을 친다는 뜻으로, 아주 약한 것으로 강한 것에 대항하려는 어리석음을 비유적으로 이르는 말
已往之事	이왕지사	이미 지나간 일
利用厚生	이용후생	기구를 편리하게 쓰고 먹을 것과 입을 것을 넉넉하게 하여, 국민의 생활을 나아지게 함
人死留名	인사유명	사람은 죽어서 이름을 남긴다는 뜻으로, 사람의 삶이 헛되지 아니하면 그 이름이 길이 남음을 이르는 말
仁義禮智	인의예지	사람이 마땅히 갖추어야 할 네 가지 성품. 곧 어질고, 의롭고, 예의 바르고, 지혜로움을 이름
日就月將	일취월장	나날이 다달이 자라거나 발전함
一喜一悲	일희일비	한편으로는 기뻐하고 한편으로는 슬퍼함
立身揚名	입신양명	출세하여 이름을 세상에 떨침
長幼有序	장유유서	오륜의 하나. 윗사람과 아랫사람 사이에는 엄격한 사회적인 차례와 질서가 있음을 이른다
著名人士	저명인사	사회에 널리 이름이 난 사람
積土成山	적토성산	작거나 적은 것도 쌓이면 크게 되거나 많아짐

한자	독음	뜻
全力投球	전력투구	야구에서, 투수가 타자를 상대로 모든 힘을 기울여서 공을 던지는 일
朝令暮改	조령모개	아침에 명령을 내렸다가 저녁에 다시 고친다는 뜻으로, 법령을 자꾸 고쳐서 갈피를 잡기가 어려움을 이르는 말
朝三暮四	조삼모사	아침에는 셋, 저녁에는 넷이란 말로 아침에 하는 말이나 행동이 저녁에 달라짐을 이르는 말
足脫不及	족탈불급	맨발로 뛰어도 따라가지 못한다는 뜻으로, 능력이나 재질·역량 따위가 뚜렷한 차이가 있음을 이르는 말
知彼知己	지피지기	적의 사정과 나의 사정을 자세히 앎
紙筆硯墨	지필연묵	종이와 붓과 벼루와 먹을 아울러 이르는 말
此日彼日	차일피일	이 날, 저 날 하고 자꾸 기한을 미루는 모양
天下泰平	천하태평	정치가 잘되어 온 세상이 평화로움
淺海漁業	천해어업	육지 가까이에 접한 얕은 바다에서 하는 어업＝近海漁業(근해어업)↔遠洋漁業(원양어업)
推己及人	추기급인	자기 마음을 미루어 보아 남에게도 그렇게 대하거나 행동한다는 뜻
追友江南	추우강남	친구 따라 강남 간다는 뜻으로 자기의 주견이 없이 남의 말에 아부하며 동조함
泰然自若	태연자약	마음에 어떠한 충동을 받아도 움직임이 없이 천연스러움
破顔大笑	파안대소	매우 즐거운 표정으로 활짝 웃음
皮骨相接	피골상접	살가죽과 뼈가 맞붙을 정도로 몹시 마름
彼此一般	피차일반	두 편이 서로 같음
匹夫之勇	필부지용	깊은 생각 없이 혈기만 믿고 함부로 부리는 소인의 용기
匹夫匹婦	필부필부	평범한 남자와 평범한 여자
漢江投石	한강투석	한강에 돌 던지기라는 뜻으로, 지나치게 미미하여 아무런 효과를 미치지 못함을 이르는 말
賢母良妻	현모양처	어진 어머니이면서 착한 아내
虎死留皮	호사유피	호랑이는 죽어서 가죽을 남긴다는 뜻으로, 사람은 죽어서 명예를 남겨야 함을 이르는 말
和而不同	화이부동	남과 사이좋게 지내기는 하나 무턱대고 어울리지는 아니함
興盡悲來	흥진비래	즐거운 일이 다하면 슬픈 일이 닥쳐온다는 뜻으로, 세상일은 순환되는 것임을 이르는 말
喜怒哀樂	희로애락	기쁨과 노여움과 슬픔과 즐거움을 아울러 이르는 말
呼兄呼弟	호형호제	서로 형이니 아우니 하고 부른다는 뜻으로, 매우 가까운 친구로 지냄을 이르는 말

간체자	발음	HSK 어휘
脚	[jiǎo]	脚[jiǎo] 발
觉	[jué], [jiào]	觉得[juéde] …라고 느끼다, 感觉[gǎnjué] 감각, 自觉[zìjué] 자각하다 发觉[fājué] 발견하다, 知觉[zhījué] 지각하다, 睡觉[shuìjiào] 자다
敢	[gǎn]	勇敢[yǒnggǎn] 용감하다, 不敢当[bùgǎndāng] 감당하지 못하다
钢	[gāng], [gàng]	钢铁[gāngtiě] 강철, 钢笔[gāngbǐ] 펜
皆	[jiē]	皆[jiē] 모두
乾	[qián], [gān]	乾[qián] 하늘, 干[gān] 마르다
坚	[jiān]	坚持[jiānchí] 견지하다, 坚决[jiānjué] 단호하다, 坚强[jiānqiáng] 굳세다 坚定[jiāndìng] 확고부동하다, 坚固[jiāngù] 견고하다, 坚实[jiānshí] 견실하다 坚硬[jiānyìng] 단단하다
镜	[jìng]	镜子[jìngzi] 거울, 眼镜[yǎnjìng] 안경, 镜头[jìngtóu] 렌즈
惊	[jīng]	惊动[jīngdòng] 놀라게하다
耕	[gēng]	耕地[gēngdì] 밭을 갈다
系	[xì]	系统[xìtǒng] 계통, 体系[tǐxì] 체계, 系列[xìliè] 계열
系	[jì]	'係(맬, 이어맬 계)'의 간체자. 关系[guānxi] 관계, 관련되다
阶	[jiē]	阶段[jiēduàn] 단계, 阶层[jiēcéng] 층, 계층
鸡	[jī]	鸡蛋[jīdàn] 계란
孤	[gū]	孤独[gūdú] 고독하다, 孤立[gūlì] 고립되어 있다
谷	[gǔ]	峡谷[xiágǔ] 골짜기, 협곡 *穀(곡식 곡)의 간체자. 稻谷[dàogǔ] 벼 *谷歌[gǔgē] 구글(google), 세계 최대의 인터넷 검색엔진.
困	[kùn]	贫困[pínkùn] 빈곤하다, 困难[kùnnan] 고난
坤	[kūn]	坤[kūn] 땅·어머니·여자 등의 의미로 사용됨
穷	[qióng]	层出不穷[céngchūbùqióng] 계속 일어나다, 无穷无尽[wúqióngwújìn] 무궁무진하다
卷	[juàn], [juǎn]	试卷[shìjuàn] 시험지, 卷[juǎn] 말다, 말아서 둥글게 한 것
劝	[quàn]	劝[quàn] 권하다

간체자	발음	HSK 어휘
勤	[qín]	勤俭[qínjiǎn] 근검하다, 勤劳[qínláo] 근면하다, 辛勤[xīnqín] 부지런하다
既	[jì]	既然[jìrán] 이미 그렇게 된 이상, 一如既往[yì rú jì wǎng] 지난 날과 다름없다
几	[jǐ] [jī]	几[jǐ] 몇, 几乎[jīhū] 거의, 几[jī] 작은 탁자
茶	[chá]	茶[chá] 차, 차나무
但	[dàn]	但是[dànshì] 그러나, 不但[búdàn] …뿐만 아니라
段	[duàn]	段[duàn] 사물이나 시간 따위의 한 구분 , 도막[jiēduàn] 단계, 계단 不择手段[bù zé shǒuduàn] 수단을 가리지 않다
导	[dǎo]	导游[dǎoyóu] 안내하다, 导演[dǎoyǎn] 감독, 导致[dǎozhì] 야기하다 领导[lǐngdǎo] 이끌다, 指导[zhǐdǎo] 지도하다, 导向[dǎoxiàng] 유도하다 向导[xiàngdǎo] 길을 안내하다, 引导[yǐndǎo] 안내하다, 主导[zhǔdǎo] 주도하다
罗	[luó]	罗[luó] 새 그물, 그물을 놓아 잡다
卵	[luǎn]	鱼卵[yúluǎn] 물고기 알, 产卵[chǎnluǎn] 산란하다
览	[lǎn]	游览[yóulǎn] 유람하다, 浏览[liúlǎn] 대충 훑어보다
浪	[làng]	浪费[làngfèi] 낭비하다, 浪漫[làngmàn] 낭만, 波浪[bōlàng] 파도 流浪[liúlàng] 유랑하다
郎	[láng]	新郎[xīnláng] 신랑
凉	[liáng], [liàng]	凉快[liángkuai] 서늘하다, 凉[liàng] 식히다
露	[lù], [lòu]	暴露[bàolù] 폭로하다, 流露[liúlù] 드러나다
柳	[liǔ]	柳[liǔ] 버드나무, 垂柳[chuíliǔ] 수양버들
留	[liú]	留念[liúniàn] 기념으로 남기다, 留神[liúshén] 조심하다, 遗留[yíliú] 남겨 놓다
晚	[wǎn]	晚上[wǎnshàng] 저녁
忙	[máng]	急忙[jímáng] 바쁘다, 连忙[liánmáng] 얼른
麦	[mài]	小麦[xiǎomài] 밀, 麦克风[màikèfēng] 마이크, 마이크로폰
免	[miǎn]	免费[miǎnfèi] 무료로 하다, 不免[bùmiǎn] 피치 못하다
勉	[miǎn]	勉强[miǎnqiǎng] 억지로

간체자	발음	HSK 어휘
眠	[mián]	失眠[shīmián] 불면
鸣	[míng]	共鸣[gòngmíng] 공명
暮	[mù]	暮[mù] 저녁, 늦다
茂	[mào]	茂盛[màoshèng] 우거지다
舞	[wǔ]	跳舞[tiàowǔ] 춤추다, 鼓舞[gǔwǔ], 舞蹈[wǔdǎo]
墨	[mò]	墨[mò] 먹, 墨水[mòshuǐ] 먹물, 잉크
勿	[wù]	勿[wù] ~해서는 안 된다
杯	[bēi]	杯子[bēizi] 잔, 干杯[gānbēi] 건배
配	[pèi]	分配[fēnpèi] 분배하다, 配合[pèihé] 협동하다, [pèihe] 어울리다, 配备[pèibèi] 배치하다 支配[zhīpèi] 분배하다
犯	[fàn]	罪犯[zuìfàn] 범인
逢	[féng]	逢[féng] 만나다, 마주치다
扶	[fú]	扶[fú] (손으로) 부축하다
浮	[fú]	漂浮[piāofú] 뜨다, (물 위를) 떠다니다
副	[fù]	名副其实[míngfùqíshí] 명실상부하다
朋	[péng]	朋友[péngyou] 친구
祕	[mì], [bì]	秘书[mìshū] 비서, 神秘[shénmì] 신비하다
私	[sī]	私人[sīrén], 自私[zìsī] 이기적이다, 私自[sīzì] 자기의 생각대로, 몰래 隐私[yǐnsī] 사생활, 走私[zǒusī] 몰래 떠나다(암거래하다, 밀수하다)
射	[shè]	发射[fāshè] 발사하다, 反射[fǎnshè] 반사하다, 放射[fàngshè] 방사하다 注射[zhùshè] 주사하다
尚	[shàng]	高尚[gāoshàng] 고상하다, 时尚[shíshàng] 시대적 유행 礼尚往来[lǐshàngwǎnglái] 예의상 주고받다
丧	[sāng], [sàng]	丧失[sàngshī] 잃다, [sāng] 죽은 사람과 관련된 일
象	[xiàng]	大象[dàxiàng] 코끼리, 印象[yìnxiàng] 인상, 对象[duìxiàng] 애인, 대상 现象[xiànxiàng] 현상, 形象[xíngxiàng] 모습, 气象[qìxiàng] 날씨
伤	[shāng]	伤心[shāngxīn] 슬퍼하다, 伤害[shānghài] 해치다, 受伤[shòushāng] 부상을 입다

간체자	발음	HSK 어휘
霜	[shuāng]	雪上加霜[xuě shàng jiā shuāng] 설상가상이다, 엎친데 덮치다
暑	[shǔ]	暑[shǔ] 덥다, 더위 放暑假[fàngshǔjià] 여름방학을 하다
昔	[xī]	昔日[xīrì] 예전
惜	[xī]	可惜[kěxī] 섭섭하다, 爱惜[àixī] 아끼다, 不惜[bùxī] 아끼지 않다.
设	[shè]	建设[jiànshè] 창립하다, 设计[shèjì] 설계하다, 设施[shèshī] 시설 设立[shèlì] 설립하다, 想方设法[xiǎngfāngshèfǎ] 온갖 방법을 생각하다
损	[sǔn]	损[sǔn] 감소하다, 亏损[kuīsǔn] 적자, 결손 损坏[sǔnhuài] 훼손시키다
秀	[xiù]	秀[xiù] 이삭, 이삭이 패다, 아름답다 优秀[yōuxiù] 우수하다, 뛰어나다
须	[xū]	必须[bìxū] 반드시 …해야 한다, 须知[xūzhī] 모름지기
寿	[shòu]	寿命[shòumìng] 수명
谁	[shéi]	谁[shéi] 누구
虽	[suī]	虽然[suīrán] 비록 ～일지라도
叔	[shū]	叔叔[shūshu] 삼촌, 아저씨
淑	[shū]	淑[shū] 얌전하다, 곱다
崇	[chóng]	崇拜[chóngbài] 숭배 崇高[chónggāo] 숭고하다, 崇敬[chóngjìng] 숭배하고 존경하다
乘	[chéng], [shèng]	乘[chéng] 타다, 곱하다, (기회 따위를) 이용하다, 乘坐[chéngzuò] 타다
施	[shī]	设施[shèshī] 시설, 施加[shījiā] 영향을 미치다, 施展[shīzhǎn] 펼쳐 보이다
深	[shēn]	深刻[shēnkè] 핵심을 찌르다, 资深[zīshēn] 자격이 충분하다
颜	[yán]	颜色[yánsè] 색깔
岩	[yán]	岩石[yánshí] 바위, 암석
仰	[yǎng]	信仰[xìnyǎng] 신앙
哀	[āi]	悲哀[bēi'āi] 슬프다
也	[yě]	也许[yěxǔ] 아마도
扬	[yáng]	表扬[biǎoyáng] 표창하다, 发扬[fāyáng] 발휘하다
让	[ràng]	让步[ràngbù] 양보하다, 转让[zhuǎnràng] 양도하다

간체자	발음	HSK 어휘
於	[yú] [wū]	현대 중국어에서 '於(어조사 어)'는 '于[yú] '로 쓴다. 於[Yū] 성씨, 於[wū] 감탄사
忆	[yì]	回忆[huíyì] 추억하다, 记忆[jìyì] 기억하다
严	[yán]	严格[yángé] 엄격하다, 严重[yánzhòng] 엄중하다, 严寒[yánhán] 매서운 추위 严禁[yánjìn] 엄격히 금하다, 严密[yánmì] 엄밀하다, 尊严[zūnyán] 존엄하다
汝	[yú]	汝[rǔ] 너
余	[yú]	业余[yèyú] 여가의, 多余[duōyú] 여분의, 其余[qíyú] 나머지 * 餘(남을 여)의 간체자
亦	[yì]	亦[yì] ～도 역시, 또한
域	[yù]	领域[lǐngyù] 영역, 区域[qūyù] 구역
易	[yì]	容易[róngyì] 쉽다, 轻易[qīngyì] 수월하게, 交易[jiāoyì] 교역
砚	[yàn]	笔墨纸砚[bǐmòzhǐyàn] 문방사우
悦	[yuè]	喜悦[xǐyuè] 기쁘다
炎	[yán]	发炎[fāyán] 염증, 炎热[yánrè] 무덥다
迎	[yíng]	迎面(儿)[yíngmiàn(r)] 정면
吾	[wú]	吾[wú] 나, 우리
悟	[wù]	觉悟[juéwù] 깨닫다, 领悟[lǐngwù] 깨닫다
乌	[wū]	乌黑[wūhēi] 새까맣다
瓦	[wǎ]	瓦解[wǎjiě] 와해되다
卧	[wò]	卧室[wòshì] 침실
曰	[yuē]	曰[yuē] 말하다
欲	[yù]	欲望[yùwàng] 욕망
于	[yú]	关于[guānyú] …에 대해서, 等于[děngyú] …에 다름없다, 便于[biànyú] …하기 편리하다 终于[zhōngyú] 마침내, 于是[yúshì] 그래서, 善于[shànyú] …를 잘하다
尤	[yóu]	尤其[yóuqí] 특히
宇	[yǔ]	宇宙[yǔzhòu] 우주
忧	[yōu]	忧郁[yōuyù] 우울하다, 근심하다 后顾之忧[hòu gù zhī yōu] 뒷걱정 无忧无虑[wú yōu wú lǜ] 아무런 근심 걱정도 없다

간체자	발음	HSK 어휘
云	[yún]	云[yún] 말하다, 이르다 * 雲(구름 운)의 간체자
怨	[yuàn]	恩怨[ēnyuàn] 은혜와 원한
威	[wēi]	权威[quánwēi] 권위, 示威[shìwēi] 위세를 떨치다, 威风[wēifēng] 당당하다 威力[wēilì] 위력, 威信[wēixìn] 위신, 威望[wēiwàng] 명망
幼	[yòu]	幼儿园[yòu'éryuán] 유치원
柔	[róu]	温柔[wēnróu] 온화하다, 柔和[róuhé] 부드럽다
唯	[wéi]	唯一[wéiyī] 유일하다, 唯独[wéidú] 유독
犹	[yóu]	犹如[yóurú] …와 같다
游	[yóu]	旅游[lǚyóu] 여행하다, 导游[dǎoyóu] 안내하다, 游览[yóulǎn] 유람하다 上游[shàngyóu] 상류, 游泳[yóuyǒng] 수영하다, 수영, 游戏[yóuxì] 유희, 게임
儒	[rú]	儒[rú] 선비儒家[Rújiā] 유가(춘추시대 공자를 대표로 하는 학파)
吟	[yín]	吟[yín] 읊다, 呻吟[shēnyín] 신음
泣	[qì]	哭泣[kūqì] 흐느껴울다
议	[yì]	会议[huìyì] 회의하다, 建议[jiànyì] 건의하다, 议论[yìlùn] 비평하다 不可思议[bùkěsīyì] 불가사의하다
已	[yǐ]	不得已[bùdéyǐ] 부득이, 而已[éryǐ] …할 뿐이다
而	[ér]	而且[érqiě] 게다가, 从而[cóng'ér] 따라서
忍	[rěn]	忍受[rěnshòu] 참다, 容忍[róngrěn] 용인하다, 忍不住[rěnbuzhù] 견딜 수 없다
慈	[cí]	慈善[císhàn] 자애롭다, 仁慈[réncí] 인자하다
肠	[cháng]	香肠[xiāngcháng] 소시지
哉	[zāi]	哉[zāi] 감탄·의문·반문을 나타내는 어조사.
栽	[zāi]	栽[zāi] 심다, 栽培[zāipéi] 심어 가꾸다
著	[zhù]	著名[zhùmíng] 유명하다, 著作[zhùzuò] 저작물
积	[jī]	积极[jījí] 적극적이다, 面积[miànjī] 면적, 体积[tǐjī] 체적
钱	[qián]	本钱[běnqián] 본전
转	[zhuàn], [zhuǎn]	转变[zhuǎnbiàn] 바뀌다

간체자	발음	HSK 어휘
贞	[zhēn]	贞人[zhēnrén] 점치는 사람, 贞操[zhēncāo] 정조
净	[jìng]	干净[gānjìng] 깨끗하다
顶	[dǐng]	顶[dǐng] 꼭대기
静	[jìng]	安静[ānjìng] 안정하다, 冷静[lěngjìng] 조용하다, 平静[píngjìng] 평온하다
帝	[dì]	皇帝[huángdì] 황제
诸	[zhū]	诸位[zhūwèi] 여러분
从	[cóng]	从来[cónglái] 지금까지, 从此[cóngcǐ] 지금부터, 从容[cóngróng] 조용하다
钟	[zhōng]	钟[zhōng] 시계, 종
宙	[zhòu]	宙[zhòu] (과거·현재·미래의 무한한) 시간
酒	[jiǔ]	酒店[jiǔdiàn] 호텔
准	[zhǔn]	准备[zhǔnbèi] 준비하다, 准时[zhǔnshí] 제시간
即	[jí]	即使[jíshǐ] 설령, 立即[lìjí] 즉시, 即便[jíbiàn] 설령, 随即[suíjí] 즉시
曾	[céng], [zēng]	曾[céng] 일찍이, 겹치다 曾经[céngjīng] 일찍이, 이전에, 曾孙[zēngsūn] 증손
证	[zhèng]	证件[zhèngjiàn] 증명서, 论证[lùnzhèng] 논증하다, 证实[zhèngshí] 실증하다 验证[yànzhèng] 검증하다
只	[zhǐ], [zhī]	只有[zhǐyǒu] 단지, 只好[zhǐhǎo] 할 수 없이, 只要[zhǐyào] 단지
枝	[zhī]	枝[zhī] (초목의) 가지, 枝[qí] 갈라지다
智	[zhì]	理智[lǐzhì] 이성, 明智[míngzhì] 현명하다, 智力[zhìlì] 지력, 智能[zhìnéng] 지능 智商[zhìshāng] 지능 지수
尽	[jìn]	尽力[jìnlì] 힘을 다해, 苦尽甘来[kǔjìngānlái] 고진감래 无穷无尽[wúqióngwújìn] 무궁무진하다
执	[zhí]	固执[gùzhí] 고집하다, 执着[zhízhuó] 집착하다
且	[qiě]	而且[érqiě] 게다가
此	[cǐ]	因此[yīncǐ] 그래서, 彼此[bǐcǐ] 서로, 此外[cǐwài] 그외에, 从此[cóngcǐ] 그때부터
借	[jiè]	借口[jièkǒu] 핑계를 삼다, 借助[jièzhù] 힘을 빌리다
昌	[chāng]	昌盛[chāngshèng] 번창하다

간체자	발음	HSK 어휘
采	[cǎi]	采访[cǎifǎng] 취재하다, 采集[cǎijí] 채집하다, 开采[kāicǎi] 채굴하다 无精打采[wújīngdǎcǎi] 풀이 죽다, 兴高采烈[xìnggāocǎiliè] 신바람나다
菜	[cài]	菜单[càidān] 메뉴, 冷菜[lěngcài] 냉채
妻	[qī]	妻子[qīzi] 아내, 妻子[qīzǐ] 아내와 아이
尺	[chǐ]	尺子[chǐzi] 자
泉	[quán]	矿泉水[kuàngquánshuǐ] 광천수, 源泉[yuánquán] 원천
浅	[qiǎn]	浅[qiǎn] 얕다
晴	[qíng]	晴朗[qínglǎng] 청명하다
招	[zhāo]	招待[zhāodài] 초청하다, 招收[zhāoshōu] 모집하다
总	[zǒng]	总是[zǒngshì] 반드시, 总结[zǒngjié] 총결산, 总共[zǒnggòng] 도합 总理[zǒnglǐ] 총리, 总算[zǒngsuàn] 마침내, 总统[zǒngtǒng] 총통 总之[zǒngzhī] 요컨데, 总和[zǒnghé] 총수
追	[zhuī]	追求[zhuīqiú] 추구하다, 追究[zhuījiū] 추궁하다
推	[tuī]	推广[tuīguǎng] 널리 보급하다, 推理[tuīlǐ] 추리하다, 推论[tuīlùn] 추론하다
吹	[chuī]	吹牛[chuīniú] 허풍을 떨다
就	[jiù]	成就[chéngjiù] 성취, 就近[jiùjìn] 근처, 就业[jiùyè] 취업하다, 就职[jiùzhí] 취임하다
层	[céng]	层出不穷[céngchūbùqióng] 계속 일어나다, 层次[céngcì] 단계, 阶层[jiēcéng] 계층
泰	[tài]	泰斗[tàidǒu] 일인자
痛	[tòng]	痛苦[tòngkǔ] 고통
投	[tóu]	投入[tóurù] 투입하다, 投票[tóupiào] 투표하다, 投降[tóuxiáng] 투항하다
篇	[piān]	篇[piān] 완결된 문장, 일정한 형식을 갖춘 문장을 세는 단위 玉篇[yùpiān] 옥편
胞	[bāo]	同胞[tóngbāo] 동포, 细胞[xìbāo] 세포
枫	[fēng]	枫树[fēngshù] 단풍나무, 丹枫[dānfēng] 단풍
丰	[fēng], [lǐ]	丰富[fēngfù] 풍부하다, 丰满[fēngmǎn] 그득하다, 丰盛[fēngshèng] 풍성하다 丰收[fēngshōu] 풍년

간체자	발음	HSK 어휘
皮	[pí]	皮肤[pífū] 피부, 皮革[pígé] 피혁, 가죽, 皮鞋[píxié] 가죽 구두
彼	[bǐ]	彼此[bǐcǐ] 서로
疲	[pí]	疲劳[píláo] 피곤하다
匹	[pǐ]	匹[pǐ] 짝을 이루는 것
何	[hé]	任何[rènhé] 어떤, 何必[hébì] 왜
贺	[hè]	祝贺[zhùhè] 축하하다
恨	[hèn]	恨不得[hènbude] 간절히 …하고 싶다, 悔恨[huǐhèn] 후회하다
闲	[xián]	空闲[kòngxián] 여가, 休闲[xiūxián] 한가하게 지내다, 闲话[xiánhuà] 한담하다
恒	[héng]	永恒[yǒnghéng] 영원하다
革	[gé]	皮革[pígé] 가죽, 改革[gǎigé] 개혁, 革命[gémìng] 혁명
刑	[xíng]	刑事[xíngshì] 형사
乎	[hū]	几乎[jīhū] 거의, 하마터면
虎	[hǔ]	老虎[lǎohǔ] 호랑이
婚	[hūn]	结婚[jiéhūn] 결혼하다, 婚礼[hūnlǐ] 결혼식, 离婚[líhūn] 이혼하다
混	[hùn]	混合[hùnhé] 혼합하다
红	[hóng]	分红[fēnhóng] 이익을 배당하다
环	[huán]	耳环[ěrhuán] 귀걸이, 环境[huánjìng] 환경, 环节[huánjié] 일환
欢	[huān]	欢迎[huānyíng] 환영하다, 欢乐[huānlè] 유쾌하다
皇	[huáng]	皇帝[huángdì] 황제, 皇后[huánghòu] 황후
厚	[hòu]	雄厚[xiónghòu] 풍부하다, 得天独厚[détiāndúhòu] 특별히 좋은 조건을 갖추다
胸	[xiōng]	胸[xiōng] 가슴, 마음
喜	[xǐ]	喜欢[xǐhuan] 좋아하다, 喜闻乐见[xǐwénlèjiàn] 환영하다

간체자	발음	한자	뜻
睡	[shuì]	睡	잠잘, 수
峡	[xiá]	峽	골짜기 협
蛋	[dàn]	蛋	새알 단
择	[zé]	擇	가릴 택
浏	[liú]	瀏	맑을 류
垂	[chuí]	垂	드리울 수
克	[kè]	克	이길 극
跳	[tiào]	跳	뛸 도
鼓	[gǔ]	鼓	북, 두드릴 고
蹈	[dǎo]	蹈	밟을 도
漂	[piāo] [piǎo]	漂	뜰, 떠돌 표
隐	[yǐn]	隱	숨을, 숨길 은
坏	[huài]	壞	무너질 괴
亏	[kuī]	虧	이지러질 휴
顾	[gù]	顧	돌아볼 고
虑	[lǜ]	慮	생각할 려
郁	[yù]	鬱	답답할 울
戏	[xì]	戲	놀 희
呻	[shēn]	呻	끙끙거릴, 읊을 신
肠	[cháng]	腸	창자 장
培	[péi]	培	북돋울 배
肤	[fū]	膚	살갗 부
鞋	[xié]	鞋	신 혜
橡	[xiàng]	橡	상수리나무, 고무 상

한자	뜻	간체자	발음
渴望	갈망	渴望	[kěwàng]
勇敢	용감	勇敢	[yǒnggǎn]
鋼鐵	강철	钢铁	[gāngtiě]
乾杯	건배	干杯	[gānbēi]
堅持	견지	坚持	[jiānchí]
眼鏡	안경	眼镜	[yǎnjìng]
驚異	경이롭다	惊异	[jīngyì]
系統	계통. 시스템	系统	[xìtǒng]
耕地	경작지	耕地	[gēngdì]
階層	계층	干坤	[jiēcéng]
階段	계단	非但	[jiēduàn]
孤獨	고독	手段	[gūdú]
穀物	곡물	谷物	[gǔwù]
困難	곤란	困难	[kùnnan]
貧困	빈곤	贫困	[pínkùn]
乾坤	건곤. 하늘과 땅	乾坤	[qiánkūn]
無窮無盡	무궁무진	无穷无尽	[wúqióngwújìn]
勸告	권고	劝告	[quàngào]
勤勞	부지런히 일하다	勤劳	[qínláo]
非但	비단(…뿐만 아니라)	非但	[fēidàn]
手段	수단	手段	[shǒuduàn]
遊覽	유람	游览	[yóulǎn]
展覽	전람	展览	[zhǎnlǎn]
浪費	낭비	浪费	[làngfèi]
浪漫	낭만	浪漫	[làngmàn]

한자	뜻	간체자	발음
新郎	신랑	新郎	[xīnláng]
暴露	폭로	暴露	[bàolù]
留學	유학	留学	[liúxué]
保留	보류	保留	[bǎoliú]
冬眠	동면	冬眠	[dōngmián]
共鳴	공명	共鸣	[gòngmíng]
茂盛	무성, 우거지다	茂盛	[màoshèng]
歌舞	가무. 노래와 춤	歌舞	[gēwǔ]
分配	분배	分配	[fēnpèi]
配合	배합, 협력하다	配合	[pèihé]
犯人	범인	犯人	[fànrén]
扶養	부양	扶养	[fúyǎng]
浮遊	부유	浮游	[fúyóu]
副作用	부작용	副作用	[fùzuòyòng]
朋友	친구	朋友	[péngyou]
祕密	비밀	秘密	[mìmì]
祕書	비서	秘书	[mìshū]
反射	반사	反射	[fǎnshè]
發射	발사	发射	[fāshè]
傷心	상심	伤心	[shāngxīn]
高尚	고상	高尚	[gāoshàng]
喪失	상실	丧失	[sàngshī]
印象	인상	印象	[yìnxiàng]
建設	건설	建设	[jiànshè]
損失	손실	损失	[sǔnshī]

한자	뜻	간체자	발음
壽命	수명	寿命	[shòumìng]
崇拜	숭배	崇拜	[chóngbài]
乘客	승객	乘客	[chéngkè]
神祕	신비	神秘	[shénmì]
耕地	경지	耕地	[gēngdì]
實施	실시	实施	[shíshī]
深層	심층	深层	[shēncéng]
巖石	암석	岩石	[yánshí]
信仰	신앙	信仰	[xìnyǎng]
悲哀	비애. 슬픔	悲哀	[bēi'āi]
讓步	양보	让步	[ràngbù]
記憶	기억	记忆	[jìyì]
嚴格	엄격	严格	[yángé]
嚴重	엄중. 위급하다	严重	[yánzhòng]
容易	용이	容易	[róngyì]
貿易	무역	贸易	[màoyì]
區域	구역	区域	[qūyù]
迎接	영접	迎接	[yíngjiē]
瓦解	와해	瓦解	[wǎjiě]
宇宙	우주	宇宙	[yǔzhòu]
云云	운운. 여차여차	云云	[yúnyún]
示威	시위	示威	[shìwēi]
權威	권위	权威	[quánwēi]
溫柔	온유	温柔	[wēnróu]
唯一	유일	唯一	[wéiyī]
建議	건의	建议	[jiànyì]

한자	뜻	간체자	발음
會議	회의	会议	[huìyì]
不得已	부득이	不得已	[bùdéyǐ]
著名	저명	著名	[zhùmíng]
著作	저작	著者	[zhùzuò]
積極	적극	积极	[jījí]
面積	면적	面积	[miànjī]
本錢	본전	本钱	[běnqián]
冷靜	냉정	冷静	[lěngjìng]
安靜	안정	安静	[ānjìng]
忠貞	충정	忠贞	[zhōngzhēn]
皇帝	황제	皇帝	[huángdì]
從來	종래. 지금까지	从来	[cónglái]
從事	종사하다	从事	[cóngshì]
保證	보증	保证	[bǎozhèng]
證明	증명	证明	[zhèngmíng]
智能	지능	智能	[zhìnéng]
盡力	온 힘을 다하다	尽力	[jìnlì]
固執	고집	固执	[gùzhí]
昌盛	창성	昌盛	[chāngshèng]
採取	채취	采取	[cǎiqǔ]
源泉	원천	源泉	[yuánquán]
招待	초대	招待	[zhāodài]
推理	추리	推论	[tuīlǐ]
推論	추론	推论	[tuīlùn]
追求	추구	追求	[zhuīqiú]
成就	성취	成就	[chéngjiù]

한자	뜻	간체자	발음
泰國	태국	泰国	[Tàiguó]
泰山	태산	泰山	[tàishān]
投入	투입	投入	[tóurù]
投票	투표	投票	[tóupiào]
長篇	장편	长篇	[chángpiān]
豊富	풍부	丰富	[fēngfù]
皮革	피혁	皮革	[pígé]
彼此	피차	彼此	[bǐcǐ]
疲勞	피로	疲劳	[píláo]
祝賀	축하	祝贺	[zhùhè]
極限	극한	极限	[jíxiàn]
改革	개혁	改革	[gǎigé]
革命	혁명	革命	[gémìng]
刑事	형사	刑事	[xíngshì]
混合	혼합	混合	[hùnhé]
結婚	결혼	结婚	[jiéhūn]
環境	환경	環境	[huánjìng]
歡迎	환영, 기쁘게 맞이하다	歡迎	[huānyíng]

HNK 3II급

모의고사
1~5회

중국교육부 국가한판

汉字能力考试

3II급

注意(수험생 유의사항)

1. 총 문항 수는 100문항(선택형 30, 단답형 70)이며, 시험 시간은 60분입니다.

2. 답은 답안지에 검정색 펜을 사용하여 또박또박 쓰세요.

3. 시험지에 수험번호와 성명을 쓰고 답안지와 함께 제출합니다.

4. 끝나는 신호가 있으면 필기도구를 내려놓고 감독관의 지시를 따르세요.

수험번호 ☐☐☐☐ ─ ☐☐☐☐

☐ ─ ☐☐ ─ ☐☐☐☐

성명 ☐☐☐☐☐☐☐☐

시행: (주)다락원

주관: (사)한중문자교류협회
国家汉办 汉考国际

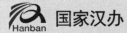

선택형 [1~30]

※ 다음 물음에 맞는 답의 번호를 답안지의
해당 답란에 표시하시오.

[1~5]
한자의 훈과 음으로 바른 것을 고르시오.

1 虎 ( )
  ① 범 호   ② 곳 처
  ③ 빌 허   ④ 범 인

2 配 ( )
  ① 기록할 기   ② 술 주
  ③ 나눌 배   ④ 몸 기

3 幾 ( )
  ① 실 사   ② 개 술
  ③ 갈 거   ④ 몇 기

4 吾 ( )
  ① 다섯 오   ② 나 아
  ③ 나 오   ④ 미칠 급

5 宙 ( )
  ① 말미암을 유   ② 집 주
  ③ 갖출 구   ④ 집 실

[6~10]
다음 훈과 음에 해당하는 한자를 고르시오.

6 또 차 ( )
  ① 且   ② 谷   ③ 又   ④ 車

7 자 척 ( )
  ① 自   ② 尺   ③ 貴   ④ 店

8 나아갈 취 ( )
  ① 京   ② 吹   ③ 炭   ④ 就

9 다 개 ( )
  ① 白   ② 皆   ③ 改   ④ 第

10 어조사 야 ( )
  ① 卓   ② 員   ③ 也   ④ 在

[11~15]
다음 훈과 음에 해당하는 한자와 그 간체자가
바르게 짝지어진 것을 고르시오.

11 쇠북 종 ( )

　① 蟲 = 虫　　② 點 = 点

　③ 鍾 = 钟　　④ 體 = 体

12 의원 의 ( )

　① 歲 = 岁　　② 醫 = 医

　③ 賞 = 赏　　④ 細 = 细

13 빛날 화 ( )

　① 興 = 兴　　② 東 = 东

　③ 歡 = 欢　　④ 華 = 华

14 곧을 정 ( )

　① 貞 = 贞　　② 勸 = 劝

　③ 顔 = 颜　　④ 傷 = 伤

15 고리 환 ( )

　① 許 = 许　　② 賣 = 卖

　③ 環 = 环　　④ 巖 = 岩

[16~18]
뜻이 반대 또는 상대되는 한자를 고르시오.

16 涼 ( )

　① 福　② 炎　③ 束　④ 防

17 增 ( )

　① 佛　② 能　③ 都　④ 損

18 妻 ( )

　① 夫　② 宿　③ 除　④ 親

[19~21]
뜻이 같거나 비슷한 한자를 고르시오.

19 昌 ( )

　① 如　② 察　③ 盛　④ 退

20 區 ( )

　① 域　② 低　③ 榮　④ 種

21 設 ( )

　① 至　② 停　③ 暗　④ 施

[22~24]
밑줄 친 낱말의 뜻을 가진 한자를 고르시오.

22 나무는 물에 잘 <u>뜨는</u> 성질을 가지고
   있다.   (   )

   ① 江   ② 禁   ③ 浮   ④ 溪

23 이튿날 새벽 날씨는 거짓말처럼 <u>개</u>
   <u>었다</u>.   (   )

   ① 擧   ② 晴   ③ 快   ④ 習

24 그녀는 어제 <u>한</u> 많은 일생을 마감했
   다.   (   )

   ① 恨   ② 情   ③ 怨   ④ 恩

[25~27]
다음 뜻을 가진 한자어를 고르시오.

25 쉬기만 하고 거의 활동하지 않음.
                           (   )

   ① 永眠   ② 冬眠
   ③ 休息   ④ 休眠

26 산의 맨 꼭대기.   (   )

   ① 情想   ② 正常
   ③ 情狀   ④ 頂上

27 어렵고 딱한 형편이나 처지. (   )

   ① 境界   ② 困境
   ③ 傷處   ④ 居處

[28~30]
밑줄 친 한자어의 뜻으로 알맞은 것을 고르시오.

28 우승을 하고자 하는 <u>意欲</u>이 대단하다. ( )

① 가지고 싶어 하는 마음
② 사물에 대한 욕심의 기운
③ 자기만을 이롭게 하고자 하는 마음
④ 적극적으로 무엇을 하고자 하는 마음

29 바닥에는 화려한 <u>毛皮</u>가 깔려 있었다. ( )

① 털가죽
② 살갗의 빛깔
③ 털이 붙은 범의 가죽
④ 살갗에 나타나는 염증

30 유럽으로 배낭여행을 가려고 <u>推進</u> 중이다. ( )

① 애써 살핌
② 밀고 나아감
③ 추리하는 힘
④ 앞으로 올 일을 미루어 생각함

단답형 [31~100]

※ 다음 물음에 맞는 답을 답안지의 해당 답란에 쓰시오.

[31~50]
한자의 훈과 음을 쓰시오. (31~40번은 간체자 표기임)

예시: 一 (한 일)

31 穷 ( )

32 乌 ( )

33 忆 ( )

34 孙 ( )

35 钱 ( )

36 讲 ( )

37 坚 ( )

38 愿 ( )

39 热 ( )

40 阴 ( )

41 帝 ( )

42 坤 ( )

43 怨 ( )

44 於　　　（　　　　　　　　）　　　58 敌对　（　　　　　　　　）

45 宿　　　（　　　　　　　　）　　　59 议论　（　　　　　　　　）

46 敢　　　（　　　　　　　　）　　　60 呼应　（　　　　　　　　）

47 取　　　（　　　　　　　　）　　　61 歌舞　（　　　　　　　　）

48 候　　　（　　　　　　　　）　　　62 疲勞　（　　　　　　　　）

49 犯　　　（　　　　　　　　）　　　63 深層　（　　　　　　　　）

50 于　　　（　　　　　　　　）　　　64 保證　（　　　　　　　　）

65 渴求　（　　　　　　　　）

66 瓦解　（　　　　　　　　）

67 參考　（　　　　　　　　）

[51～70]
한자어의 독음을 쓰시오. (51～60번은 간체자
표기임)

68 哀愁　（　　　　　　　　）

69 喜悲　（　　　　　　　　）

예시: 一二　(일이)

70 花環　（　　　　　　　　）

51 游说　（　　　　　　　）

52 观览　（　　　　　　　）

53 神圣　（　　　　　　　）

54 必须　（　　　　　　　）

55 清净　（　　　　　　　）

56 继续　（　　　　　　　）

57 丹枫　（　　　　　　　）

[71~75]
다음 한자의 간체자를 〈보기〉에서 찾아 쓰시오.

〈보기〉
尽　妇　严　谷　叶　贺

71 穀　（　　　　）

72 嚴　（　　　　）

73 盡　（　　　　）

74 婦　（　　　　）

75 葉　（　　　　）

[76~80]
다음 한자의 번체자를 〈보기〉에서 찾아 쓰시오.

〈보기〉
潔　硯　處　賀　産　穀

76 贺　（　　　　）

77 砚　（　　　　）

78 处　（　　　　）

79 洁　（　　　　）

80 产　（　　　　）

[81~82]
다음 한자의 부수를 쓰시오.

예시: 漢（氵 또는 水）

81 段　（　　　　）

82 鷄　（　　　　）

[83~85]
다음 뜻을 가진 사자성어를 〈보기〉에서 찾아 그 독음을 쓰시오.

〈보기〉
無事泰平　　目不忍見
仁義禮智　　百家爭鳴
無窮無盡　　朋友有信

83 눈앞에 벌어진 상황을 눈 뜨고는 차마 볼 수 없음.（　　　　）

84 사람이 마땅히 갖추어야 할 네 가지 성품. 곧 어질고, 의롭고, 예의바르고, 지혜로움을 이름.（　　　　）

85 끝이 없고 다함이 없음.（　　　　）

[86~95]
밑줄 친 한자어의 독음을 쓰시오.

> 예시: 漢字를 익힐 때는 여러 가지의 훈
> 과 음에 유의해야 합니다. (한자)

86 이번 일도 亦是 흐지부지 끝날 것 같은
조짐이 보인다. (   )

87 이 바늘은 採血을 할 때 쓰는 것이다.
(   )

88 그 소설가는 주옥과 같은 短篇을 발
표했다. (   )

89 건물에 警備가 허술해서 침입하기가
쉬워보인다. (   )

90 두 부서의 의견이 서로 달라 混線을
빚고 있다. (   )

91 고인의 遺族으로는 부인과 2남 1녀
가 있다. (   )

92 협상의 난관 逢着이라는 소식에 우리
는 한숨만을 쉴 뿐이었다.
(   )

93 형은 합격 소식을 듣고는 快哉를 불
렀다. (   )

94 그에게 부탁하는 것은 시간 浪費일
뿐이야. (   )

95 생명의 탄생! 이 얼마나 驚異롭고 신
비스러운가? (   )

[96~100]
다음 문장의 내용에 맞게 밑줄 친 한자어를 쓰
시오.

> 예시: 한자를 쓸 때는 순서에 유의해야
> 합니다. (漢字)

96 우리는 정보의 홍수 속에 살고 있다.
(   )

97 눈과 함께 바람까지 심하게 불어 체
감 온도가 한층 더 낮아졌다.
(   )

98 나는 방학이면 늘 시골 외할머님 댁
에 갔다. (   )

99 우리 팀은 그들에게 5점차로 패배했
다. (   )

100 이 다리는 원래 목조다리였으나 석조
다리로 다시 세웠다. (   )

모의고사 2회

중국교육부 국가한판

汉字能力考试

3II급

注意(수험생 유의사항)

1. 총 문항 수는 100문항(선택형 30, 단답형 70)이며, 시험 시간은 60분입니다.

2. 답은 답안지에 검정색 펜을 사용하여 또박또박 쓰세요.

3. 시험지에 수험번호와 성명을 쓰고 답안지와 함께 제출합니다.

4. 끝나는 신호가 있으면 필기도구를 내려놓고 감독관의 지시를 따르세요.

수험번호 ☐☐☐☐☐ - ☐☐☐☐☐
☐ - ☐ - ☐☐☐

성명 ☐☐☐☐☐

시행: (주)다락원

주관: (사)한중문자교류협회
国家汉办 汉考国际

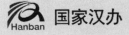

선택형 [1~30]

※ 다음 물음에 맞는 답의 번호를 답안지의
해당 답란에 표시하시오.

[1~5]
한자의 훈과 음으로 바른 것을 고르시오.

1 困 ( )
① 곤할 곤　　② 인할 인
③ 나라 국　　④ 둥글 단

2 勿 ( )
① 갑옷 갑　　② 들일 납
③ 말 물　　　④ 이에 내

3 使 ( )
① 볼 간　　　② 탈 승
③ 하여금 사　④ 놓을 방

4 瓦 ( )
① 무릇 범　　② 기와 와
③ 개 술　　　④ 남녘 병

5 柔 ( )
① 오얏 리　　② 고울 선
③ 헤아릴 료　④ 부드러울 유

[6~10]
다음 훈과 음에 해당하는 한자를 고르시오.

6 나물 채 ( )
① 梨　② 菜　③ 賞　④ 例

7 항상 항 ( )
① 恒　② 星　③ 是　④ 謠

8 땅 곤 ( )
① 地　② 住　③ 卓　④ 坤

9 잔 배 ( )
① 眞　② 杯　③ 取　④ 破

10 베풀 시 ( )
① 族　② 防　③ 施　④ 比

[11~15]
다음 훈과 음에 해당하는 한자와 그 간체자가
바르게 짝지어진 것을 고르시오.

11 잡을 집 ( )

　① 價 = 价　　② 慶 = 庆

　③ 執 = 执　　④ 諸 = 诸

12 울 명 ( )

　① 報 = 报　　② 鳴 = 鸣

　③ 場 = 场　　④ 島 = 岛

13 이미 기 ( )

　① 旣 = 既　　② 製 = 制

　③ 寶 = 宝　　④ 壽 = 寿

14 베풀 설 ( )

　① 試 = 试　　② 談 = 谈

　③ 講 = 讲　　④ 設 = 设

15 거울 경 ( )

　① 獨 = 独　　② 鏡 = 镜

　③ 復 = 复　　④ 識 = 识

[16~18]
뜻이 반대 또는 상대되는 한자를 고르시오.

16 怨 ( )

　① 伐　　② 恩　　③ 妹　　④ 事

17 送 ( )

　① 稅　　② 息　　③ 登　　④ 迎

18 凶 ( )

　① 番　　② 豊　　③ 細　　④ 式

[19~21]
뜻이 같거나 비슷한 한자를 고르시오.

19 崇 ( )

　① 英　　② 尙　　③ 銀　　④ 存

20 紅 ( )

　① 處　　② 判　　③ 朱　　④ 責

21 喜 ( )

　① 悅　　② 乳　　③ 汝　　④ 族

[22~24]
밑줄 친 낱말의 뜻을 가진 한자를 고르시오.

22 친구와 놀이터에서 신나게 <u>놀았다</u>.
　　　　　　　　　　　　（　　）

　① 親　② 遊　③ 均　④ 週

23 <u>층계</u>를 돌자 현관 입구가 나왔다.
　　　　　　　　　　　　（　　）

　① 酉　② 形　③ 浴　④ 階

24 동생은 휘파람을 <u>불며</u> 설거지를 하
였다.　　　　　　　　　　（　　）

　① 吹　② 飮　③ 泰　④ 承

[25~27]
다음 뜻을 가진 한자어를 고르시오.

25 바람과 물결.　　　　　（　　）

　① 風浪　　② 浪人
　③ 風雪　　④ 波浪

26 개인에게 관계되는 것.　（　　）

　① 公私　　② 私學
　③ 私立　　④ 私的

27 슬프고 가슴 아파함.　（　　）

　① 哀樂　　② 悲哀
　③ 哀痛　　④ 齒痛

[28~30]
밑줄 친 한자어의 뜻으로 알맞은 것을 고르시오.

28 그 胸中에는 언제나 거룩한 마음이
   깃들어 있었다.   (   )

   ① 가슴 속
   ② 한가운데
   ③ 가슴 부분
   ④ 가슴 속에 품은 생각

29 조류는 卵生하는 동물에 속한다.
                                (   )

   ① 알을 낳음
   ② 물고기의 알
   ③ 살아갈 방도나 형편
   ④ 알에서 새끼를 까는 일

30 여행비의 충당을 위해 副業을 가졌다.
                                (   )

   ① 직업을 얻음
   ② 공부하여 학문을 닦는 일
   ③ 본업 외에 겸해서 하는 직업
   ④ 의무나 직분에 따라 맡아서 하는 일

단답형 [31~100]

※ 다음 물음에 맞는 답을 답안지의 해당 답란
   에 쓰시오.

[31~50]
한자의 훈과 음을 쓰시오. (31~40번은 간체자
표기임)

예시: 一 (한 일)

31 罗   (   )

32 麦   (   )

33 肠   (   )

34 砚   (   )

35 转   (   )

36 浅   (   )

37 贺   (   )

38 监   (   )

39 经   (   )

40 权   (   )

41 驚   (   )

42 免   (   )

43 損   (   )

44 庭　　（　　　　　）　　58 银行　（　　　　　）

45 積　　（　　　　　）　　59 断乎　（　　　　　）

46 晴　　（　　　　　）　　60 穷极　（　　　　　）

47 閑　　（　　　　　）　　61 手段　（　　　　　）

48 息　　（　　　　　）　　62 崇拜　（　　　　　）

49 庚　　（　　　　　）　　63 宇宙　（　　　　　）

50 泰　　（　　　　　）　　64 保留　（　　　　　）

65 要覽　（　　　　　）

66 混同　（　　　　　）

67 勸告　（　　　　　）

[51~70]

한자어의 독음을 쓰시오. (51~60번은 간체자 표기임)

68 穀物　（　　　　　）

69 便乘　（　　　　　）

예시: 一二　(일이)

70 水墨畵　（　　　　　）

51 关系　（　　　　　）

52 困难　（　　　　　）

53 孤独　（　　　　　）

54 虚荣　（　　　　　）

55 动静　（　　　　　）

56 忧国　（　　　　　）

57 勤俭　（　　　　　）

[71~75]
다음 한자의 간체자를 〈보기〉에서 찾아 쓰시오.

〈보기〉
选　笔　从　丝　犹　远

71 筆　　（　　　　　　　）

72 猶　　（　　　　　　　）

73 從　　（　　　　　　　）

74 選　　（　　　　　　　）

75 絲　　（　　　　　　　）

[76~80]
다음 한자의 번체자를 〈보기〉에서 찾아 쓰시오.

〈보기〉
農　應　鄕　寫　顔　誰

76 颜　　（　　　　　　　）

77 应　　（　　　　　　　）

78 乡　　（　　　　　　　）

79 农　　（　　　　　　　）

80 写　　（　　　　　　　）

[81~82]
다음 한자의 부수를 쓰시오.

예시: 漢 （ 氵 또는 水 ）

81 敢　　（　　　　　　　）

82 哉　　（　　　　　　　）

[83~85]
다음 뜻을 가진 사자성어를 〈보기〉에서 찾아 그 독음을 쓰시오.

〈보기〉	
金枝玉葉	烏合之卒
不可思議	朝令暮改
朝三暮四	朋友有信

83 임시로 모여들어서 규율이 없고 무질서한 병졸 또는 군중.
　　　　　　（　　　　　　　）

84 금으로 된 가지와 옥으로 된 잎이란 뜻으로 아주 귀한 자손을 이르는 말.
　　　　　　（　　　　　　　）

85 아침에 명령을 내렸다가 저녁에 다시 고친다는 뜻으로, 계획이나 결정 따위를 자꾸 바꾸어서 갈피를 잡기가 어려움을 이르는 말.
　　　　　　（　　　　　　　）

[86~95]
밑줄 친 한자어의 독음을 쓰시오.

> 예시: 漢字를 익힐 때는 여러 가지의 훈과 음에 유의해야 합니다. (한자)

86 총리는 정치 혼란에 대한 책임을 추궁당해 失脚되었다.
( )

87 두사람은 사랑 없는 政略 결혼을 한다. ( )

88 霜降인 아침 전국적으로 기온이 뚝 떨어졌습니다. ( )

89 산불의 방화자는 嚴罰에 처해야 한다.
( )

90 이번 교육 박람회에 여러분을 招請합니다. ( )

91 입장이 곤란하기는 彼此가 마찬가지였다. ( )

92 여성들의 아름다움을 향한 渴求는 끝이 없다. ( )

93 글을 읽고 다음에 일어날 사건을 類推해 봅시다. ( )

94 배는 물살을 가르며 시원하게 前進했다. ( )

95 컴퓨터를 장시간 보니 눈이 疲勞해졌다. ( )

[96~100]
다음 문장의 내용에 맞게 밑줄 친 한자어를 쓰시오.

> 예시: 한자를 쓸 때는 순서에 유의해야 합니다. (漢字)

96 담배는 주변사람들 건강에도 해를 끼친다. ( )

97 우리 마을은 공동으로 땅을 경작하고 분배한다. ( )

98 그들의 교만한 태도는 용납되어서는 안 된다. ( )

99 양국은 대등한 상태에서 협상을 시작했다. ( )

100 집중 훈련으로 선수들의 체력이 많이 향상됐다. ( )

중국교육부 국가한판

汉字能力考试

3II급

注意(수험생 유의사항)

1. 총 문항 수는 100문항(선택형 30, 단답형 70)이며, 시험 시간은 60분입니다.

2. 답은 답안지에 검정색 펜을 사용하여 또박또박 쓰세요.

3. 시험지에 수험번호와 성명을 쓰고 답안지와 함께 제출합니다.

4. 끝나는 신호가 있으면 필기도구를 내려놓고 감독관의 지시를 따르세요.

수험번호					–				
		–		–					

성명	

시행: (주)다락원

주관: (사)한중문자교류협회
国家汉办 汉考国际

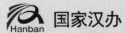

선택형 [1~30]

※ 다음 물음에 맞는 답의 번호를 답안지의
   해당 답란에 표시하시오.

[1~5]
한자의 훈과 음으로 바른 것을 고르시오.

1 刑   (   )
  ① 모양 형   ② 맏 형
  ③ 형벌 형   ④ 법칙 칙

2 坤   (   )
  ① 위태할 위   ② 땅 곤
  ③ 힘쓸 무   ④ 지경 경

3 脚   (   )
  ① 범할 범   ② 원할 원
  ③ 맺을 약   ④ 다리 각

4 我   (   )
  ① 너 여   ② 나 아
  ③ 스스로 자   ④ 가게 점

5 幼   (   )
  ① 남을 여   ② 늙을 로
  ③ 어릴 유   ④ 완전할 완

[6~10]
다음 훈과 음에 해당하는 한자를 고르시오.

6 자 척   (   )
  ① 尺   ② 音   ③ 又   ④ 支

7 범 호   (   )
  ① 回   ② 化   ③ 號   ④ 虎

8 다만 단   (   )
  ① 票   ② 但   ③ 害   ④ 便

9 만날 봉   (   )
  ① 健   ② 近   ③ 逢   ④ 敬

10 이를 운   (   )
  ① 云   ② 雲   ③ 謂   ④ 具

[11~15]

다음 훈과 음에 해당하는 한자와 그 간체자가 바르게 짝지어진 것을 고르시오.

11 창자 장 　　　　　　　(　)

① 燈 = 灯 　　② 費 = 费

③ 愛 = 爱 　　④ 腸 = 肠

12 강철 강 　　　　　　　(　)

① 鏡 = 镜 　　② 儉 = 俭

③ 鋼 = 钢 　　④ 樂 = 乐

13 준할 준 　　　　　　　(　)

① 減 = 减 　　② 準 = 准

③ 淨 = 净 　　④ 決 = 决

14 정수리 정 　　　　　　(　)

① 顔 = 颜 　　② 頂 = 顶

③ 頭 = 头 　　④ 寫 = 写

15 궁할 궁 　　　　　　　(　)

① 窮 = 穷 　　② 養 = 养

③ 潔 = 洁 　　④ 觀 = 观

[16~18]

뜻이 반대 또는 상대되는 한자를 고르시오.

16 免 　　　　　　　　(　)

① 任 　② 圓 　③ 將 　④ 過

17 公 　　　　　　　　(　)

① 助 　② 直 　③ 充 　④ 私

18 乾 　　　　　　　　(　)

① 支 　② 坤 　③ 炭 　④ 取

[19~21]

뜻이 같거나 비슷한 한자를 고르시오.

19 困 　　　　　　　　(　)

① 制 　② 衆 　③ 疲 　④ 朱

20 憂 　　　　　　　　(　)

① 治 　② 壯 　③ 定 　④ 愁

21 羅 　　　　　　　　(　)

① 列 　② 創 　③ 破 　④ 走

[22~24]
밑줄 친 낱말의 뜻을 가진 한자를 고르시오.

22 우리집은 흙벽에 <u>기와</u>를 올린 옛날집
이다.   (   )

① 否   ② 瓦   ③ 算   ④ 章

23 성 주위에 흙과 나무를 <u>쌓아</u> 망루를
만들었다.   (   )

① 基   ② 究   ③ 素   ④ 積

24 두 사람 사이의 우정은 매우 <u>두터웠
다</u>.   (   )

① 損   ② 律   ③ 厚   ④ 招

[25~27]
다음 뜻을 가진 한자어를 고르시오.

25 근무하는 곳에 일하러 나가거나 나옴.
        (   )

① 勤勞   ② 出席
③ 出勤   ④ 出現

26 사회의 주목을 끄는 일.   (   )

① 脚光   ② 行動
③ 橋脚   ④ 馬脚

27 어떤 것의 정도나 경지가 점점 깊어짐.
        (   )

① 變化   ② 角度
③ 深度   ④ 深化

[28~30]
밑줄 친 한자어의 뜻으로 알맞은 것을 고르시오.

28 한글 전용보다는 한자 <u>混用</u>이 바람
직하다고 생각한다.　　(　)

① 섞어서 씀
② 질서가 없이 뒤얽힘
③ 뒤섞어서 한데 합함
④ 다른 인종 사이에서 생긴 혈통

29 의사가 환자에게 요양을 <u>勸告</u>하였
다.　　　　(　)

① 억지로 하라고 권함
② 하도록 권하여 말함
③ 주의하라고 경계하여 알림
④ 알리어 바치거나 베풀어 알림

30 그는 공무집행방해죄로 <u>手配</u>된 상태
이다.　　　　(　)

① 별러서 나눔
② 잘못하여 그르침
③ 나누어 몫을 정하는 것
④ 범인을 잡으려고 수사망을 폄

단답형 [31~100]

※ 다음 물음에 맞는 답을 답안지의 해당 답란
에 쓰시오.

[31~50]
한자의 훈과 음을 쓰시오. (31~40번은 간체자
표기임)

예시: 一 (한 일)

31 韩　　(　　　　　)

32 凉　　(　　　　　)

33 寿　　(　　　　　)

34 犹　　(　　　　　)

35 静　　(　　　　　)

36 层　　(　　　　　)

37 异　　(　　　　　)

38 实　　(　　　　　)

39 荣　　(　　　　　)

40 阴　　(　　　　　)

41 輕　　(　　　　　)

42 露　　(　　　　　)

43 雖　　(　　　　　)

44 遊　　　（　　　　　）

45 貞　　　（　　　　　）

46 亥　　　（　　　　　）

47 精　　　（　　　　　）

48 適　　　（　　　　　）

49 畫　　　（　　　　　）

50 聽　　　（　　　　　）

[51~70]
한자어의 독음을 쓰시오. (51~60번은 간체자 표기임)

예시: 一二 （일이）

51 追忆　　（　　　　）

52 欢待　　（　　　　）

53 但书　　（　　　　）

54 战犯　　（　　　　）

55 我执　　（　　　　）

56 威势　　（　　　　）

57 钟路　　（　　　　）

58 就业　　（　　　　　）

59 皇军　　（　　　　　）

60 逢变　　（　　　　　）

61 特段　　（　　　　　）

62 堅固　　（　　　　　）

63 私的　　（　　　　　）

64 感傷　　（　　　　　）

65 法悅　　（　　　　　）

66 唯美　　（　　　　　）

67 送信　　（　　　　　）

68 豊富　　（　　　　　）

69 苦渴　　（　　　　　）

70 新郎　　（　　　　　）

[71~75]
다음 한자의 간체자를 〈보기〉에서 찾아 쓰시오.

〈보기〉
孙 议 枫 举 鸣 备

71 鳴 (   )

72 議 (   )

73 楓 (   )

74 孫 (   )

75 擧 (   )

[76~80]
다음 한자의 번체자를 〈보기〉에서 찾아 쓰시오.

〈보기〉
隊 備 興 鋼 敵 閑

76 备 (   )

77 钢 (   )

78 敌 (   )

79 兴 (   )

80 队 (   )

[81~82]
다음 한자의 부수를 쓰시오.

예시: 漢 (氵 또는 水)

81 堅 (   )

82 麥 (   )

[83~85]
다음 뜻을 가진 사자성어를 〈보기〉에서 찾아 그 독음을 쓰시오.

〈보기〉	
欲速不達	苦盡甘來
利用厚生	三人成虎
破顔大笑	身言書判

83 일을 너무 빨리 하고자 서두르면 도리어 이루지 못함.
(   )

84 백성이 사용하는 기구 따위를 편리하게 하고 의식을 넉넉하게 하여 생활을 윤택하게 함.
(   )

85 쓴 것이 다하면 단 것이 온다는 뜻으로, 고생 끝에 즐거움이 옴을 이르는 말.
(   )

[86~95]
밑줄 친 한자어의 독음을 쓰시오.

예시: 漢字를 익힐 때는 여러 가지의 훈
과 음에 유의해야 합니다. (한자)

86 지금까지 너무 安易하게 산 것 같아
후회된다.   (   )

87 已往 만나려면 함께 만나는 게 좋겠
어요.   (   )

88 이 단어는 몽고어로부터 借用된 것
이다.   (   )

89 성공은 노력 如何에 달려 있다.
(   )

90 공부는 못하지만 皆勤은 자신할 수
있다.   (   )

91 낙엽에서 晩秋의 적막함과 아름다움
이 함께 느껴졌다.
(   )

92 處暑는 모기가 들어가고 귀뚜라미가
나온다는 절기이다.
(   )

93 원유 유출 사고로 주변 海域이 오염
되었다.   (   )

94 형은 忍苦의 길을 묵묵히 잘 견뎌 왔
다.   (   )

95 이 문제에 대해서는 此後에 다시 토
론하도록 합시다.
(   )

[96~100]
다음 문장의 내용에 맞게 밑줄 친 한자어를 쓰
시오.

예시: 한자를 쓸 때는 순서에 유의해야
합니다.   (漢字)

96 할아버지는 옛 영웅의 이야기를 많이
해 주셨다.   (   )

97 신중한 마음으로 계약서에 도장을
찍었다.   (   )

98 이 규정은 미성년자에게는 해당되지
않는다.   (   )

99 우리는 대장의 지시에 따라 행동하였
다.   (   )

100 배는 항해 도중 풍파를 계속 만났다.
(   )

HNK
汉字能力考试

중국교육부 국가한판

汉字能力考试

3II급

注意(수험생 유의사항)

1. 총 문항 수는 100문항(선택형 30, 단답형 70)이며, 시험 시간은 60분입니다.

2. 답은 답안지에 검정색 펜을 사용하여 또박또박 쓰세요.

3. 시험지에 수험번호와 성명을 쓰고 답안지와 함께 제출합니다.

4. 끝나는 신호가 있으면 필기도구를 내려놓고 감독관의 지시를 따르세요.

수험번호

성명

시행: (주)다락원

주관: (사)한중문자교류협회
　　　国家汉办 汉考国际

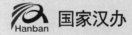

国家汉办

선택형 [1~30]

※ 다음 물음에 맞는 답의 번호를 답안지의
해당 답란에 표시하시오.

[1~5]
한자의 훈과 음으로 바른 것을 고르시오.

1 唯 ( )
　① 오히려 유　② 밀 추
　③ 갤 청　④ 오직 유

2 泉 ( )
　① 고칠 개　② 알릴 고
　③ 샘 천　④ 없을 막

3 乎 ( )
　① 어조사 호　② 어조사 우
　③ 차례 번　④ 이을 승

4 段 ( )
　① 다스릴 리　② 층계 단
　③ 도읍 도　④ 주울 습

5 査 ( )
　① 만날 봉　② 지킬 보
　③ 조사할 사　④ 헤아릴 량

[6~10]
다음 훈과 음에 해당하는 한자를 고르시오.

6 도울 부 ( )
　① 助　② 協　③ 床　④ 扶

7 슬플 애 ( )
　① 悲　② 哀　③ 樂　④ 喜

8 근원 원 ( )
　① 續　② 元　③ 源　④ 示

9 읊을 음 ( )
　① 吟　② 音　③ 飮　④ 泣

10 부를 초 ( )
　① 利　② 到　③ 使　④ 招

[11~15]
다음 훈과 음에 해당하는 한자와 그 간체자가 바르게 짝지어진 것을 고르시오.

11 보리 맥   (   )

① 結 = 结   ② 麥 = 麦

③ 橋 = 桥   ④ 來 = 来

12 모름지기 수   (   )

① 須 = 须   ② 陽 = 阳

③ 謝 = 谢   ④ 輕 = 轻

13 곡식 곡   (   )

① 區 = 区   ② 達 = 达

③ 師 = 师   ④ 穀 = 谷

14 사양할 양   (   )

① 語 = 语   ② 舊 = 旧

③ 讓 = 让   ④ 兩 = 两

15 까마귀 오   (   )

① 鳥 = 鸟   ② 島 = 岛

③ 馬 = 马   ④ 烏 = 乌

[16~18]
뜻이 반대 또는 상대되는 한자를 고르시오.

16 哀   (   )

① 其   ② 樂   ③ 常   ④ 背

17 益   (   )

① 連   ② 法   ③ 損   ④ 伐

18 臥   (   )

① 論   ② 密   ③ 奉   ④ 坐

[19~21]
뜻이 같거나 비슷한 한자를 고르시오.

19 遇   (   )

① 逢   ② 絶   ③ 再   ④ 責

20 表   (   )

① 新   ② 義   ③ 要   ④ 皮

21 停   (   )

① 傳   ② 接   ③ 留   ④ 戶

[22~24]
밑줄 친 낱말의 뜻을 가진 한자를 고르시오.

22 지하철을 <u>타고</u> 약속 장소로 향했다.
( )

① 曜 ② 印 ③ 乘 ④ 造

23 남의 잘못을 탓하기는 쉽지만, 자기의 잘못을 <u>깨닫기</u>는 어렵다. ( )

① 吾 ② 悟 ③ 守 ④ 保

24 지은이의 마음을 가장 잘 <u>나타낸</u> 문장을 찾아보자. ( )

① 著 ② 者 ③ 諸 ④ 救

[25~27]
다음 뜻을 가진 한자어를 고르시오.

25 가난하여 궁함. ( )

① 貧窮 ② 窮理
③ 貧富 ④ 貧弱

26 쓰라린 경험의 비유. ( )

① 苦痛 ② 乾杯
③ 辛苦 ④ 苦杯

27 공사를 실시함. ( )

① 工事 ② 着手
③ 施工 ④ 建設

[28~30]
밑줄 친 한자어의 뜻으로 알맞은 것을 고르시오.

28 언제 비가 왔나 싶게 날씨가 **快晴**하
다.   (   )

① 맑고 깨끗함
② 날씨가 맑고 밝음
③ 부드럽고 맑게 부는 바람
④ 하늘이 구름 한 점 없이 맑게 갬

29 그녀는 **實刑**을 선고받았지만 보석
으로 풀려 났다.   (   )

① 형벌에 처함
② 실제로 집행된 경우의 형벌
③ 벌금을 물게 하는 형벌
④ 죄지은 사람에게 주는 벌

30 어머니는 며느리를 믿고 **穀間** 열쇠를
맡길 수 있었다.   (   )

① 곡식의 가격
② 여러 가지 곡식
③ 곡식을 넣어두는 곳간
④ 여문 다음에 말린 곡식

단답형 [31~100]

※ 다음 물음에 맞는 답을 답안지의 해당 답란
에 쓰시오.

[31~50]
한자의 훈과 음을 쓰시오. (31~40번은 간체자
표기임)

예시: 一 (한 일)

31 几   (   )

32 灾   (   )

33 艺   (   )

34 让   (   )

35 扬   (   )

36 讲   (   )

37 阶   (   )

38 笔   (   )

39 货   (   )

40 乡   (   )

41 旣   (   )

42 暮   (   )

43 誰   (   )

44 於	(	)
45 墨	(	)
46 曾	(	)
47 皮	(	)
48 卽	(	)
49 戒	(	)
50 局	(	)

[51~70]
한자어의 독음을 쓰시오. (51~60번은 간체자 표기임)

예시: 一二 (일이)

51 无颜	(	)
52 犹太	(	)
53 顺从	(	)
54 惊异	(	)
55 钢铁	(	)
56 善导	(	)
57 扶养	(	)

58 岩石	(	)
59 转学	(	)
60 饮酒	(	)
61 風霜	(	)
62 暴炎	(	)
63 痛快	(	)
64 慈悲	(	)
65 神秘	(	)
66 勇敢	(	)
67 的中	(	)
68 高尚	(	)
69 渴望	(	)
70 感泣	(	)

[71~75]
다음 한자의 간체자를 〈보기〉에서 찾아 쓰시오.

```
          〈보기〉
  检   积   丰   伤   术   极
```

71 傷   (   )

72 積   (   )

73 豊   (   )

74 術   (   )

75 檢   (   )

[76~80]
다음 한자의 번체자를 〈보기〉에서 찾아 쓰시오.

```
          〈보기〉
  極   頭   狀   種   圖   環
```

76 极   (   )

77 种   (   )

78 头   (   )

79 图   (   )

80 状   (   )

[81~82]
다음 한자의 부수를 쓰시오.

```
    예시: 漢 ( 氵 또는 水 )
```

81 勉   (   )

82 栽   (   )

[83~85]
다음 뜻을 가진 사자성어를 〈보기〉에서 찾아
그 독음을 쓰시오.

```
          〈보기〉
  明鏡止水        足脫不及
  雪上加霜        匹夫之勇
  吾鼻三尺        身言書判
```

83 눈이 내리는 위에 서리까지 더한다는
   뜻으로, 어려운 일이나 불행이 겹쳐서
   일어남을 비유적으로 이르는 말.
                         (   )

84 맑은 거울과 고요한 물처럼 잡념과 허
   욕이 없는 깨끗한 마음을 비유적으로
   이르는 말.   (   )

85 맨발로 뛰어도 따라가지 못한다는 뜻
   으로, 능력, 역량, 재주 등이 아주 모
   자라 남을 따르지 못함을 비유적으로
   이르는 말.   (   )

[86~95]
밑줄 친 한자어의 독음을 쓰시오.

> 예시: 漢字를 익힐 때는 여러 가지의 훈
> 과 음에 유의해야 합니다. (한자)

86 그 팀은 追加 득점 기회를 잃고 말았
다.   (   )

87 형은 동네 乾達과 어울려 다녔다.
          (   )

88 일이 워낙 多忙하여 함께 모여 이야기
나눌 틈도 없다.
          (   )

89 동료들과 일일이 악수하며 惜別의
정을 나누었다.(   )

90 명작을 다시금 吟味하는 것도 즐거운
일이다.   (   )

91 執念이 강한 사람은 그만큼 책임감도
강하다.   (   )

92 한 나라의 昌盛은 국민의 의지와 노력
에 달려 있다. (   )

93 이 분야에서 그를 匹敵할 만한 사람
은 없다.   (   )

94 그녀는 堅實한 중소기업에 다닌다.
          (   )

95 免許가 없는 사람이 운전하는 것은
불법이다.   (   )

[96~100]
다음 문장의 내용에 맞게 밑줄 친 한자어를 쓰
시오.

> 예시: 한자를 쓸 때는 순서에 유의해야
> 합니다.   (漢字)

96 낙타의 혹은 양분의 저장소이다.
          (   )

97 질병은 우리 몸의 면역기능이 약화
될 때 생긴다.   (   )

98 우리 동네는 주거 밀집 지역이다.
          (   )

99 그녀는 불우한 환경 속에서도 많은 작
곡을 했다.   (   )

100 고위층 자제들이 편법으로 군대를 가
지 않아 국민들의 분노를 사고 있다.
          (   )

중국교육부 국가한판

汉字能力考试

3II급

注意(수험생 유의사항)

1. 총 문항 수는 100문항(선택형 30, 단답형 70)이며, 시험 시간은 60분입니다.

2. 답은 답안지에 검정색 펜을 사용하여 또박또박 쓰세요.

3. 시험지에 수험번호와 성명을 쓰고 답안지와 함께 제출합니다.

4. 끝나는 신호가 있으면 필기도구를 내려놓고 감독관의 지시를 따르세요.

수험번호 ☐☐☐☐ - ☐☐☐☐☐

- ☐ - ☐☐☐

성명 ☐☐☐☐☐☐

시행: (주)다락원

주관: (사)한중문자교류협회
国家汉办 汉考国际

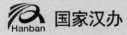

선택형 [1~30]

※ 다음 물음에 맞는 답의 번호를 답안지의 해당 답란에 표시하시오.

[1~5]
한자의 훈과 음으로 바른 것을 고르시오.

1 混 ( )
① 섞을 혼　② 옳을 의
③ 은혜 은　④ 믿을 신

2 卵 ( )
① 토끼 묘　② 이을 접
③ 알 란　④ 더할 익

3 浮 ( )
① 강 강　② 뜰 부
③ 우물 정　④ 시내 계

4 也 ( )
① 어조사 지　② 어조사 호
③ 어조사 어　④ 어조사 야

5 怨 ( )
① 은혜 은　② 오로지 전
③ 원망할 원　④ 만날 우

[6~10]
다음 훈과 음에 해당하는 한자를 고르시오.

6 집 옥 ( )
① 立　② 泣　③ 赤　④ 屋

7 나아갈 취 ( )
① 進　② 祝　③ 容　④ 就

8 혼인할 혼 ( )
① 婚　② 停　③ 質　④ 溫

9 다리 각 ( )
① 勇　② 脚　③ 角　④ 政

10 참여할 참 ( )
① 調　② 他　③ 參　④ 倫

[11~15]
다음 훈과 음에 해당하는 한자와 그 간체자가
바르게 짝지어진 것을 고르시오.

11 오히려 유   (   )

① 權 =权   ② 歷 = 历

③ 猶 =犹   ④ 産 = 产

12 강철 강   (   )

① 億 =亿   ② 鋼 = 钢

③ 貴 =贵   ④ 連 = 连

13 서늘할 량   (   )

① 殺 =杀   ② 業 = 业

③ 歸 =归   ④ 涼 = 凉

14 잡을 집   (   )

① 執 =执   ② 練 = 练

③ 狀 =状   ④ 餘 = 余

15 단풍 풍   (   )

① 達 =达   ② 領 = 领

③ 賞 =赏   ④ 楓 = 枫

[16~18]
뜻이 반대 또는 상대되는 한자를 고르시오.

16 歡   (   )

① 査   ② 悲   ③ 修   ④ 質

17 胸   (   )

① 最   ② 板   ③ 血   ④ 背

18 皮   (   )

① 骨   ② 黑   ③ 會   ④ 片

[19~21]
뜻이 같거나 비슷한 한자를 고르시오.

19 但   (   )

① 害   ② 合   ③ 早   ④ 只

20 養   (   )

① 次   ② 約   ③ 陰   ④ 育

21 就   (   )

① 列   ② 答   ③ 進   ④ 命

[22~24]
밑줄 친 낱말의 뜻을 가진 한자를 고르시오.

22 할머니는 큰 손님을 <u>맞이할</u> 때면 한복을 입으신다.   (   )

　① 迎　② 送　③ 建　④ 近

23 한석봉은 서예가로 이름을 <u>드날렸다</u>.   (   )

　① 揚　② 場　③ 腸　④ 服

24 푸른 <u>물결</u> 출렁이는 바다를 보라.
　　　　　　　　　　　　　　(   )

　① 溪　② 淺　③ 流　④ 波

[25~27]
다음 뜻을 가진 한자어를 고르시오.

25 남과 어울리지 못하고 외톨이가 되는 것.   (   )

　① 立場　　　② 孤立
　③ 孤兒　　　④ 立身

26 노래와 춤.   (   )

　① 歌舞　　　② 歌謠
　③ 歌曲　　　④ 舞童

27 거룩하게 높이어 공경함.   (   )

　① 歲拜　　　② 高尙
　③ 敬老　　　④ 崇拜

[28~30]
밑줄 친 한자어의 뜻으로 알맞은 것을 고르시오.

28 장관은 교육제도를 <u>改革</u>했다.
( )

① 새롭게 뜯어고침
② 잘못을 고쳐 좋게 함
③ 급격하게 바뀌어 아주 달라짐
④ 이미 정했던 것을 다시 고치어 정함

29 사회의 <u>階層</u>이 양극화되었다.
( )

① 세습적인 신분
② 차례를 따라 구분하는 모양
③ 차례를 따라 나아가는 과정
④ 사회를 구성하는 여러 가지 층

30 돌보지 않은 묘에 잡초가 <u>茂盛</u>하게
자랐다. ( )

① 나무가 우거진 숲
② 매우 왕성하게 유행함
③ 성질이 지독하고 과격함
④ 풀이나 나무 따위가 우거지어 성함

단답형 [31~100]

※ **다음 물음에 맞는 답을 답안지의 해당 답란
에 쓰시오.**

[31~50]
**한자의 훈과 음을 쓰시오. (31~40번은 간체자
표기임)**

예시: 一 (한 일)

31 导 ( )

32 团 ( )

33 伤 ( )

34 忆 ( )

35 诸 ( )

36 证 ( )

37 丰 ( )

38 达 ( )

39 领 ( )

40 务 ( )

41 佛 ( )

42 留 ( )

43 射 ( )

44 勉　　（　　　　　　）

45 帝　　（　　　　　　）

46 枝　　（　　　　　　）

47 妙　　（　　　　　　）

48 部　　（　　　　　　）

49 施　　（　　　　　　）

50 愁　　（　　　　　　）

[51～70]
한자어의 독음을 쓰시오. (51～60번은 간체자 표기임)

예시: 一二 （일이）

51 表层　（　　　　　）

52 逢变　（　　　　　）

53 结实　（　　　　　）

54 浮动　（　　　　　）

55 总力　（　　　　　）

56 分让　（　　　　　）

57 准备　（　　　　　）

58 区域　（　　　　　　　　）

59 严格　（　　　　　　　　）

60 产卵　（　　　　　　　　）

61 何必　（　　　　　　　　）

62 發達　（　　　　　　　　）

63 降伏　（　　　　　　　　）

64 省略　（　　　　　　　　）

65 喪家　（　　　　　　　　）

66 怨恨　（　　　　　　　　）

67 建議　（　　　　　　　　）

68 冬眠　（　　　　　　　　）

69 疲困　（　　　　　　　　）

70 副作用　（　　　　　　　　）

[71~75]
다음 한자의 간체자를 〈보기〉에서 찾아 쓰시오.

〈보기〉
轻　转　华　寿　习　专

71 壽　（　　　　　）

72 轉　（　　　　　）

73 華　（　　　　　）

74 習　（　　　　　）

75 輕　（　　　　　）

[76~80]
다음 한자의 번체자를 〈보기〉에서 찾아 쓰시오.

〈보기〉
窮　衆　燈　類　術　樹

76 穷　（　　　　　）

77 众　（　　　　　）

78 类　（　　　　　）

79 灯　（　　　　　）

80 术　（　　　　　）

[81~82]
다음 한자의 부수를 쓰시오.

예시: 漢（氵또는 水）

81 配　（　　　　　）

82 哀　（　　　　　）

[83~85]
다음 뜻을 가진 사자성어를 〈보기〉에서 찾아 그 독음을 쓰시오.

〈보기〉
鷄卵有骨　　森羅萬象
非禮勿視　　朋友有信
萬古風霜　　一寸光陰

83 오랜 세월이 지나는 동안 겪어 온 온갖 고난이나 고통. （　　　　　）

84 오륜의 하나. 벗 사이의 도리는 믿음에 있음. （　　　　　）

85 계란이 곯았다는 뜻을 익살스럽게 쓴 말로, 운이 나쁜 사람은 어쩌다 좋은 기회를 만나도 역시 일이 잘 안 됨을 이르는 말. （　　　　　）

[86~95]
밑줄 친 한자어의 독음을 쓰시오.

예시: 漢字를 익힐 때는 여러 가지의 훈
과 음에 유의해야 합니다. (한자)

86 교통표지판은 일종의 記號이다.
(　　　　　)

87 의사에게 문진 결과 알레르기성 鼻炎
이었다. (　　　　　)

88 정치가 안정되어야 나라가 泰平하다.
(　　　　　)

89 최근에는 경제성으로 인해 태양광
발전이 더욱 脚光을 받게 되었다.
(　　　　　)

90 眼鏡의 렌즈는 강한 광선을 약하게 해
준다. (　　　　　)

91 요즘 아이들의 關心거리는 온통 컴퓨
터 게임과 인터넷뿐이다.
(　　　　　)

92 그는 행복한 결혼 생활을 設計하면서
단꿈에 젖었다. (　　　　　)

93 이 그림은 새를 신령한 동물로 섬겼던
옛 信仰을 나타낸다.
(　　　　　)

94 작가는 자신의 著作物을 팔거나 나
누어 줄 수 있는 권리를 가지고 있다.
(　　　　　)

95 회사에서는 소비자의 의견을 적극
採用하여 신상품 개발에 반영하였
다. (　　　　　)

[96~100]
다음 문장의 내용에 맞게 밑줄 친 한자어를 쓰
시오.

예시: 한자를 쓸 때는 순서에 유의해야
합니다. (　漢字　)

96 전심전력으로 노력한 결과는 반드시
나타난다. (　　　　　)

97 올 겨울은 추위가 매서워서 방한 용품
이 잘 팔린다. (　　　　　)

98 불법으로 버려지는 산업 쓰레기 방출
은 사회적 문제가 되고 있다.
(　　　　　)

99 앞에 가는 초보 운전 차량 때문에 길이
막혔다. (　　　　　)

100 식품은 신선할 때에 맛과 영양이 좋다.
(　　　　　)

3급Ⅱ 모의고사 1회 정답

선택형 (1~30)

번호	정답	번호	정답	번호	정답	번호	정답
1	①	9	②	17	④	25	④
2	③	10	③	18	①	26	④
3	④	11	③	19	③	27	②
4	③	12	②	20	①	28	④
5	②	13	④	21	④	29	①
6	①	14	①	22	③	30	②
7	②	15	③	23	②		
8	④	16	②	24	①		

단답형 (31~100)

번호	정답	번호	정답	번호	정답	번호	정답
31	다할 궁	49	범할 범	67	참고	85	무궁무진
32	까마귀 오	50	어조사 우	68	애수	86	역시
33	생각할 억	51	유세	69	희비	87	채혈
34	손자 손	52	관람	70	화환	88	단편
35	돈 전	53	신성	71	谷	89	경비
36	익힐 강	54	필수	72	严	90	혼선
37	굳을 견	55	청정	73	尽	91	유족
38	원할 원	56	계속	74	妇	92	봉착
39	더울 열	57	단풍	75	叶	93	쾌재
40	그늘 음	58	적대	76	賀	94	낭비
41	임금 제	59	의논	77	硯	95	경이
42	땅 곤	60	호응	78	處	96	情報/情报
43	원망할 원	61	가무	79	潔	97	體感/体感
44	어조사 어	62	피로	80	産	98	放學/放学
45	잘 숙	63	심층	81	殳	99	敗北/败北
46	감히 감	64	보증	82	鳥	100	原來/原来
47	가질 취	65	갈구	83	목불인견		
48	기후 후	66	와해	84	인의예지		

선택형 (1~30)

번호	정답	번호	정답	번호	정답	번호	정답
1	①	9	②	17	④	25	①
2	③	10	③	18	②	26	④
3	③	11	③	19	②	27	③
4	②	12	②	20	③	28	①
5	④	13	①	21	①	29	①
6	②	14	④	22	②	30	③
7	①	15	②	23	④		
8	④	16	②	24	①		

단답형 (31~100)

번호	정답	번호	정답	번호	정답	번호	정답
31	벌일 라	49	천간 경	67	권고	85	조령모개
32	보리 맥	50	클 태	68	곡물	86	실각
33	창자 장	51	관계	69	편승	87	정략
34	벼루 연	52	곤란	70	수묵화	88	상강
35	구를 전	53	고독	71	笔	89	엄벌
36	얕을 천	54	허영	72	犹	90	초청
37	하례할 하	55	동정	73	从	91	피차
38	볼 감	56	우국	74	选	92	갈구
39	지날 경	57	근검	75	丝	93	유추
40	권세 권	58	은행	76	顔	94	전진
41	놀랄 경	59	단호	77	應	95	피로
42	면할 면	60	궁극	78	鄕	96	健康
43	덜 손	61	수단	79	農	97	分配
44	뜰 정	62	숭배	80	寫	98	容納/容纳
45	쌓을 적	63	우주	81	攴(攵)	99	對等/对等
46	갤 청	64	보류	82	口	100	訓練/训练
47	한가할 한	65	요람	83	오합지졸		
48	쉴 식	66	혼동	84	금지옥엽		

3급II 모의고사 3회 정답

선택형 (1~30)

번호	정답	번호	정답	번호	정답	번호	정답
1	③	9	③	17	④	25	③
2	②	10	①	18	②	26	①
3	④	11	④	19	③	27	④
4	②	12	③	20	④	28	①
5	③	13	②	21	①	29	②
6	①	14	②	22	②	30	④
7	④	15	①	23	④		
8	②	16	①	24	③		

단답형 (31~100)

번호	정답	번호	정답	번호	정답	번호	정답
31	한국 한	49	낮 주	67	송신	85	고진감래
32	서늘할 량	50	들을 청	68	풍부	86	안이
33	목숨 수	51	추억	69	고갈	87	이왕
34	같을, 오히려 유	52	환대	70	신랑	88	차용
35	고요할 정	53	단서	71	鸣	89	여하
36	층 층	54	전범	72	议	90	개근
37	다를 이	55	아집	73	枫	91	만추
38	열매 실	56	위세	74	孙	92	처서
39	영화 영	57	종로	75	举	93	해역
40	그늘 음	58	취업	76	備	94	인고
41	가벼울 경	59	황군	77	鋼	95	차후
42	이슬 로	60	봉변	78	敵	96	英雄
43	비록 수	61	특단	79	興	97	圖章/图章
44	놀 유	62	견고	80	隊	98	規定/规定
45	곧을 정	63	사적	81	土	99	指示
46	돼지 해	64	감상	82	麥	100	風波/风波
47	자세할 정	65	법열	83	욕속부달		
48	맞을 적	66	유미	84	이용후생		

3급II 모의고사 4회 정답

선택형 (1~30)

번호	정답	번호	정답	번호	정답	번호	정답
1	④	9	①	17	③	25	①
2	③	10	④	18	④	26	④
3	①	11	②	19	①	27	③
4	②	12	①	20	④	28	④
5	③	13	④	21	③	29	②
6	④	14	③	22	③	30	③
7	②	15	④	23	②		
8	③	16	②	24	①		

단답형 (31~100)

번호	정답	번호	정답	번호	정답	번호	정답
31	몇 기	49	경계할 계	67	적중	85	족탈불급
32	재앙 재	50	판 국	68	고상	86	추가
33	재주 예	51	무안	69	갈망	87	건달
34	사양할 양	52	유태	70	감읍	88	다망
35	날릴 양	53	순종	71	伤	89	석별
36	익힐 강	54	경이	72	积	90	음미
37	섬돌 계	55	강철	73	丰	91	집념
38	붓 필	56	선도	74	术	92	창성
39	재화 화	57	부양	75	检	93	필적
40	시골 향	58	암석	76	極	94	견실
41	이미 기	59	전학	77	種	95	면허
42	저물 모	60	음주	78	頭	96	養分/养分
43	누구 수	61	풍상	79	圖	97	弱化
44	어조사 어	62	폭염	80	狀	98	住居
45	먹 묵	63	통쾌	81	力	99	不遇
46	일찍 증	64	자비	82	木	100	便法
47	가죽 피	65	신비	83	설상가상		
48	곧 즉	66	용감	84	명경지수		

3급II 모의고사 5회 정답

선택형 (1~30)

번호	정답	번호	정답	번호	정답	번호	정답
1	①	9	②	17	④	25	②
2	③	10	③	18	①	26	①
3	②	11	③	19	④	27	④
4	④	12	②	20	④	28	②
5	③	13	④	21	③	29	④
6	④	14	①	22	②	30	④
7	④	15	④	23	①		
8	①	16	②	24	④		

단답형 (31~100)

번호	정답	번호	정답	번호	정답	번호	정답
31	이끌 도	49	베풀 시	67	건의	85	계란유골
32	둥글 단	50	근심 수	68	동면	86	기호
33	다칠 상	51	표층	69	피곤	87	비염
34	생각할 억	52	봉변	70	부작용	88	태평
35	모두 제	53	결실	71	寿	89	각광
36	증거 증	54	부동	72	转	90	안경
37	풍년 풍	55	총력	73	华	91	관심
38	이를 달	56	분양	74	习	92	설계
39	거느릴 령	57	준비	75	轻	93	신앙
40	힘쓸 무	58	구역	76	窮	94	저작물
41	부처 불	59	엄격	77	衆	95	채용
42	머무를 류	60	산란	78	類	96	努力
43	쏠 사	61	하필	79	燈	97	防寒
44	힘쓸 면	62	발달	80	術	98	放出
45	임금 제	63	항복	81	酉	99	初步
46	가지 지	64	생략	82	口	100	新鮮/新鲜
47	묘할 묘	65	상가	83	만고풍상		
48	거느릴 부	66	원한	84	붕우유신		

HNK 한자능력시험 답안지

응시급수	1급	2급	3급	4급	5급	6급	7급	8급
	○	○	○	○	○	○	○	○

성명

유의사항

1. 모든 표기 및 답안 작성은 지워지지 않는 검정색 필기구를 사용해야 합니다.
2. 바르지 못한 표기를 하였거나 불필요한 표기를 하였을 경우 불이익을 받을 수 있습니다.
3. 표기가 잘못되었을 경우에는 수정테이프로 깨끗이 지운 후 다시 칠하거나 쓰십시오.
4. 수험번호를 바르게 쓰고 해당 '○' 안에 표기합니다.
5. 응시급수, 수험번호 및 선택형 답안의 '○' 안의 표기는 컴퓨터용 펜을 사용하여 〈보기〉와 같이 칠해야 합니다.
   〈보기〉 ● ○ ⊘ ×　× ×

감독위원 확인란
(※수험생은 표기하지 말 것)

결시자 표기	결시자의 수험번호를 쓰고 아래에 표기	○
감독위원 서명	성명, 수험번호 표기가 정확한지 확인 후 서명 또는 날인	

수험번호

⓪	⓪	⓪	⓪	⓪	⓪	⓪	⓪	⓪	⓪		⓪	⓪
①	①	①	①	①	①	①	①	①	①	Ⓐ	①	①
②	②	②	②	②	②	②	②	②	②	Ⓑ	②	②
③	③	③	③	③	③	③	③	③	③		③	③
④	④	④	④	④	④	④	④	④	④		④	④
⑤	⑤	⑤	⑤	⑤	⑤	⑤	⑤	⑤	⑤		⑤	⑤
⑥	⑥	⑥	⑥	⑥	⑥	⑥	⑥	⑥	⑥		⑥	⑥
⑦	⑦	⑦	⑦	⑦	⑦	⑦	⑦	⑦	⑦		⑦	⑦
⑧	⑧	⑧	⑧	⑧	⑧	⑧	⑧	⑧	⑧		⑧	⑧
⑨	⑨	⑨	⑨	⑨	⑨	⑨	⑨	⑨	⑨		⑨	⑨

득점문항수

채점위원

채점

조심

선택형 (1~30)

1	①	②	③	④
2	①	②	③	④
3	①	②	③	④
4	①	②	③	④
5	①	②	③	④
6	①	②	③	④
7	①	②	③	④
8	①	②	③	④
9	①	②	③	④
10	①	②	③	④
11	①	②	③	④
12	①	②	③	④
13	①	②	③	④
14	①	②	③	④
15	①	②	③	④
16	①	②	③	④
17	①	②	③	④
18	①	②	③	④
19	①	②	③	④
20	①	②	③	④
21	①	②	③	④
22	①	②	③	④
23	①	②	③	④
24	①	②	③	④
25	①	②	③	④
26	①	②	③	④
27	①	②	③	④
28	①	②	③	④
29	①	②	③	④
30	①	②	③	④

단답형 (31~50)

번호		번호	
31	○	41	○
32	○	42	○
33	○	43	○
34	○	44	○
35	○	45	○
36	○	46	○
37	○	47	○
38	○	48	○
39	○	49	○
40	○	50	○

▲ 51번부터는 뒷면에 답안을 작성합니다.

단답형 (51~100)

51		O	61		O	71		O	81		O	91		O
52		O	62		O	72		O	82		O	92		O
53		O	63		O	73		O	83		O	93		O
54		O	64		O	74		O	84		O	94		O
55		O	65		O	75		O	85		O	95		O
56		O	66		O	76		O	86		O	96		O
57		O	67		O	77		O	87		O	97		O
58		O	68		O	78		O	88		O	98		O
59		O	69		O	79		O	89		O	99		O
60		O	70		O	80		O	90		O	100		O

HNK 한자능력시험 답안지

응시급수

1급	2급	3급	3Ⅱ급	4급	4Ⅱ급	5급	5Ⅱ급	6급	7급	8급
○	○	○	○	○	○	○	○	○	○	○

성 명

유의사항

1. 모든 표기 및 답안 작성은 지워지지 않는 검정색 필기구를 사용해야 합니다.
2. 바르지 못한 표기를 하였거나 불필요한 표기를 하였을 경우 불이익을 받을 수 있습니다.
3. 표기가 잘못되었을 경우는 수정테이프로 깨끗이 지운 후 다시 칠하거나 쓰십시오.
4. 수험번호를 바르게 쓰고 해당 'O' 안에 표기합니다.
5. 응시급수, 수험번호 및 선택형 답안의 'O' 안의 표기는 컴퓨터용 펜을 사용하여 〈보기〉와 같이 칠해야 합니다.

〈보기〉 ○ ⊗ ⊘ ✕
 ○ ✕ ✕ ✕

감독위원 확인란
(※수험생은 표기(하지) 말 것)

감독위원 확인란	
결시자 표기	결시자의 수험번호를 쓰고 아래에 표기 ○
감독위원 서명	성명, 수험번호 표기가 정확한지 확인한 후 서명 또는 날인

수험번호

⓪	⓪	⓪	⓪	⓪	⓪	⓪		⓪	⓪	⓪	⓪
①	①	①	①	①	①	①	Ⓐ	①	①	①	①
②	②	②	②	②	②	②	Ⓑ	②	②	②	②
③	③	③	③	③	③	③		③	③	③	③
④	④	④	④	④	④	④		④	④	④	④
⑤	⑤	⑤	⑤	⑤	⑤	⑤		⑤	⑤	⑤	⑤
⑥	⑥	⑥	⑥	⑥	⑥	⑥		⑥	⑥	⑥	⑥
⑦	⑦	⑦	⑦	⑦	⑦	⑦		⑦	⑦	⑦	⑦
⑧	⑧	⑧	⑧	⑧	⑧	⑧		⑧	⑧	⑧	⑧
⑨	⑨	⑨	⑨	⑨	⑨	⑨		⑨	⑨	⑨	⑨

채점위원

재심

초심

득점문항수

선택형 (1~30)

1	①	②	③	④
2	①	②	③	④
3	①	②	③	④
4	①	②	③	④
5	①	②	③	④
6	①	②	③	④
7	①	②	③	④
8	①	②	③	④
9	①	②	③	④
10	①	②	③	④
11	①	②	③	④
12	①	②	③	④
13	①	②	③	④
14	①	②	③	④
15	①	②	③	④
16	①	②	③	④
17	①	②	③	④
18	①	②	③	④
19	①	②	③	④
20	①	②	③	④
21	①	②	③	④
22	①	②	③	④
23	①	②	③	④
24	①	②	③	④
25	①	②	③	④
26	①	②	③	④
27	①	②	③	④
28	①	②	③	④
29	①	②	③	④
30	①	②	③	④

단답형 (31~50)

번호	○		번호		○
31	○		41		○
32	○		42		○
33	○		43		○
34	○		44		○
35	○		45		○
36	○		46		○
37	○		47		○
38	○		48		○
39	○		49		○
40	○		50		○

▲ 51번부터는 뒷면에 답안을 작성합니다.

国家汉办 (Hanban) 국제인 한국사종 관리기관 사단법인 한중문자교류협회 다락원

❖ 단답형 답안란의 'O'은 채점용이므로 수험생은 표기하지 않습니다.

단답형 (51~100)

51	52	53	54	55	56	57	58	59	60
O	O	O	O	O	O	O	O	O	O

61	62	63	64	65	66	67	68	69	70
O	O	O	O	O	O	O	O	O	O

71	72	73	74	75	76	77	78	79	80
O	O	O	O	O	O	O	O	O	O

81	82	83	84	85	86	87	88	89	90
O	O	O	O	O	O	O	O	O	O

91	92	93	94	95	96	97	98	99	100
O	O	O	O	O	O	O	O	O	O

国家汉办 (Hanban)　国家汉办/孔子学院总部　다락원

HNK 한자능력시험 답안지

유의사항

1. 모든 표기 및 답안 작성은 지워지지 않는 검정색 필기구를 사용해야 합니다.
2. 바르지 못한 표기를 하였거나 불필요한 표기를 하였을 경우 불이익을 받을 수 있습니다.
3. 표기가 잘못되었을 경우는 수정테이프로 깨끗이 지운 후 다시 칠하거나 쓰십시오.
4. 수험번호를 바르게 쓰고 해당 'O' 안에 표기합니다.
5. 응시급수, 수험번호 및 선택형 답안의 'O'안의 표기는 컴퓨터용 펜을 사용하여 〈보기〉와 같이 칠해야 합니다.

〈보기〉 ○ ♡ ⊗ ×

수험번호

감독위원 확인란
(※수험생은 표기하지 말 것)

결시자 표기	결시자의 수험번호 쓰고 아래에 표기
	○
감독위원 서명	성명·수험번호 표기가 정확한지 확인 후 서명 또는 날인

채점위원

재심

조심

득점문항수

선택형 (1~30)

	①	②	③	④
1	①	②	③	④
2	①	②	③	④
3	①	②	③	④
4	①	②	③	④
5	①	②	③	④
6	①	②	③	④
7	①	②	③	④
8	①	②	③	④
9	①	②	③	④
10	①	②	③	④
11	①	②	③	④
12	①	②	③	④
13	①	②	③	④
14	①	②	③	④
15	①	②	③	④
16	①	②	③	④
17	①	②	③	④
18	①	②	③	④
19	①	②	③	④
20	①	②	③	④
21	①	②	③	④
22	①	②	③	④
23	①	②	③	④
24	①	②	③	④
25	①	②	③	④
26	①	②	③	④
27	①	②	③	④
28	①	②	③	④
29	①	②	③	④
30	①	②	③	④

단답형 (31~50)

31		○	41		○
32		○	42		○
33		○	43		○
34		○	44		○
35		○	45		○
36		○	46		○
37		○	47		○
38		○	48		○
39		○	49		○
40		○	50		○

▶ 51번부터는 뒷면에 답안을 작성합니다.

단답형 (51~100)

번호	답란	O	번호	답란	O	번호	답란	O	번호	답란	O	번호	답란	O
51		O	61		O	71		O	81		O	91		O
52		O	62		O	72		O	82		O	92		O
53		O	63		O	73		O	83		O	93		O
54		O	64		O	74		O	84		O	94		O
55		O	65		O	75		O	85		O	95		O
56		O	66		O	76		O	86		O	96		O
57		O	67		O	77		O	87		O	97		O
58		O	68		O	78		O	88		O	98		O
59		O	69		O	79		O	89		O	99		O
60		O	70		O	80		O	90		O	100		O

HNK 한자능력시험 답안지

선택형 (1~30)

1	①	②	③	④
2	①	②	③	④
3	①	②	③	④
4	①	②	③	④
5	①	②	③	④
6	①	②	③	④
7	①	②	③	④
8	①	②	③	④
9	①	②	③	④
10	①	②	③	④
11	①	②	③	④
12	①	②	③	④
13	①	②	③	④
14	①	②	③	④
15	①	②	③	④
16	①	②	③	④
17	①	②	③	④
18	①	②	③	④
19	①	②	③	④
20	①	②	③	④
21	①	②	③	④
22	①	②	③	④
23	①	②	③	④
24	①	②	③	④
25	①	②	③	④
26	①	②	③	④
27	①	②	③	④
28	①	②	③	④
29	①	②	③	④
30	①	②	③	④

단답형 (31~50)

번호		○	번호		○
31		○	41		○
32		○	42		○
33		○	43		○
34		○	44		○
35		○	45		○
36		○	46		○
37		○	47		○
38		○	48		○
39		○	49		○
40		○	50		○

▶ 51번부터는 뒷면에 답안을 작성합니다.

단답형 (51~100)

51		O	61		O	71		O	81		O	91		O
52		O	62		O	72		O	82		O	92		O
53		O	63		O	73		O	83		O	93		O
54		O	64		O	74		O	84		O	94		O
55		O	65		O	75		O	85		O	95		O
56		O	66		O	76		O	86		O	96		O
57		O	67		O	77		O	87		O	97		O
58		O	68		O	78		O	88		O	98		O
59		O	69		O	79		O	89		O	99		O
60		O	70		O	80		O	90		O	100		O

国家汉办 (Hanban)   国家对外汉语教学领导小组办公室 (汉办)   다락원

HNK 한자능력시험 답안지

응시 급수	1급	2급	3급	3II급	4급	4II급	5급	5II급	6급	7급	8급
	○	○	○	○	○	○	○	○	○	○	○

성 명

유의사항

1. 모든 표기 및 답안 작성은 지워지지 않는 검정색 필기구를 사용해야 합니다.
2. 바르지 못한 표기를 하였거나 불필요한 표기를 하였을 경우 불이익을 받을 수 있습니다.
3. 표기가 잘못되었을 경우는 수정테이프로 깨끗이 지운 후 다시 칠하거나 쓰십시오.
4. 수험번호를 바르게 쓰고 해당 'O' 안에 표기합니다.
5. 응시급수, 수험번호 및 선택형 답안의 'O' 안의 표기는 컴퓨터용 펜을 사용하여 〈보기〉와 같이 칠해야 합니다.
   〈보기〉 ● ⊙ ⊘ ×
   × × × ×

감독위원 확인란
(※수험생은 표기하지 말 것)

결시자 표기	결시자의 수험번호를 쓰고 아래에 표기 ○
감독위원 서명	성명, 수험번호 표기가 정확한지 확인 후 서명 또 는 날인

수험번호

⓪	⓪	⓪	⓪	⓪	⓪	⓪	⓪		⓪	⓪	⓪
①	①	①	①	①	①	①	①		①	①	①
②	②	②	②	②	②	②	②	Ⓐ	②	②	②
③	③	③	③	③	③	③	③	Ⓑ	③	③	③
④	④	④	④	④	④	④	④		④	④	④
⑤	⑤	⑤	⑤	⑤	⑤	⑤	⑤		⑤	⑤	⑤
⑥	⑥	⑥	⑥	⑥	⑥	⑥	⑥		⑥	⑥	⑥
⑦	⑦	⑦	⑦	⑦	⑦	⑦	⑦		⑦	⑦	⑦
⑧	⑧	⑧	⑧	⑧	⑧	⑧	⑧		⑧	⑧	⑧
⑨	⑨	⑨	⑨	⑨	⑨	⑨	⑨		⑨	⑨	⑨

득점 문항 수

채점위원

재심

초심

선택형 (1~30)

	①	②	③	④
1	①	②	③	④
2	①	②	③	④
3	①	②	③	④
4	①	②	③	④
5	①	②	③	④
6	①	②	③	④
7	①	②	③	④
8	①	②	③	④
9	①	②	③	④
10	①	②	③	④
11	①	②	③	④
12	①	②	③	④
13	①	②	③	④
14	①	②	③	④
15	①	②	③	④
16	①	②	③	④
17	①	②	③	④
18	①	②	③	④
19	①	②	③	④
20	①	②	③	④
21	①	②	③	④
22	①	②	③	④
23	①	②	③	④
24	①	②	③	④
25	①	②	③	④
26	①	②	③	④
27	①	②	③	④
28	①	②	③	④
29	①	②	③	④
30	①	②	③	④

단답형 (31~50)

31		○	41		○
32		○	42		○
33		○	43		○
34		○	44		○
35		○	45		○
36		○	46		○
37		○	47		○
38		○	48		○
39		○	49		○
40		○	50		○

▶ 51번부터는 뒷면에 답안을 작성합니다.

国家汉办 (Hanban)

국제성인 한자속속용 문의인증
사단법인 한중문자교류협회

다락원

단답형 (51~100)

51	O	61	O	71	O	81	O	91	O
52	O	62	O	72	O	82	O	92	O
53	O	63	O	73	O	83	O	93	O
54	O	64	O	74	O	84	O	94	O
55	O	65	O	75	O	85	O	95	O
56	O	66	O	76	O	86	O	96	O
57	O	67	O	77	O	87	O	97	O
58	O	68	O	78	O	88	O	98	O
59	O	69	O	79	O	89	O	99	O
60	O	70	O	80	O	90	O	100	O

HNK 한자능력시험 답안지

응시급수

1급	2급	3급	4급	5급	6급	7급	8급
○	○	○	○	○	○	○	○

성 명

유의사항

1. 모든 표기 및 답안 작성은 지워지지 않는 검정색 필기구를 사용해야 합니다.
2. 바르지 못한 표기를 하였거나 불필요한 표기를 하였을 경우 불이익을 받을 수 있습니다.
3. 표기가 잘못되었을 경우는 수정테이프로 깨끗이 지운 후 다시 칠하거나 쓰십시오.
4. 수험번호를 바르게 쓰고 해당 'ㅇ'안에 표기합니다.
5. 응시급수, 수험번호 및 선택형 답안의 'ㅇ'안의 표기는 컴퓨터용 펜을 사용하여 〈보기〉와 같이 칠해야 합니다.

〈보기〉 ● ① ⊘ ◑
ㅇ ⊙ × ×

감독위원 확인란
(※수험생은 표기하지 말 것)

결시자 표기	결시자의 수험번호를 쓰고 아래에 표기 ○
감독위원 서명	성명·수험번호 표기가 정확한지 확인 후 서명 또는 날인

수험번호

0	1	2	3	4	5	6	7	8	9
0	1	2	3	4	5	6	7	8	9
0	1	2	3	4	5	6	7	8	9
0	1	2	3	4	5	6	7	8	9
0	1	2	3	4	5	6	7	8	9
0	1	2	3	4	5	6	7	8	9
0	1	2	3	4	5	6	7	8	9
Ⓐ Ⓑ									
0	1	2	3	4	5	6	7	8	9
0	1	2	3	4	5	6	7	8	9

채점위원

재심
초심

득점문항수

선택형 (1~30)

문번	①	②	③	④
1	①	②	③	④
2	①	②	③	④
3	①	②	③	④
4	①	②	③	④
5	①	②	③	④
6	①	②	③	④
7	①	②	③	④
8	①	②	③	④
9	①	②	③	④
10	①	②	③	④
11	①	②	③	④
12	①	②	③	④
13	①	②	③	④
14	①	②	③	④
15	①	②	③	④
16	①	②	③	④
17	①	②	③	④
18	①	②	③	④
19	①	②	③	④
20	①	②	③	④
21	①	②	③	④
22	①	②	③	④
23	①	②	③	④
24	①	②	③	④
25	①	②	③	④
26	①	②	③	④
27	①	②	③	④
28	①	②	③	④
29	①	②	③	④
30	①	②	③	④

단답형 (31~50)

31		41	○
32		42	○
33		43	○
34		44	○
35		45	○
36		46	○
37		47	○
38		48	○
39		49	○
40		50	○

▲ 51번부터는 뒷면에 답안을 작성합니다.

国家汉办 (Hanban) 국제한국한자교류협회 사단법인 한중문자교류협회 다락원

단답형 (51~100)

51	61	71	81	91
O	O	O	O	O
52	62	72	82	92
O	O	O	O	O
53	63	73	83	93
O	O	O	O	O
54	64	74	84	94
O	O	O	O	O
55	65	75	85	95
O	O	O	O	O
56	66	76	86	96
O	O	O	O	O
57	67	77	87	97
O	O	O	O	O
58	68	78	88	98
O	O	O	O	O
59	69	79	89	99
O	O	O	O	O
60	70	80	90	100
O	O	O	O	O

国家汉办 (Hanban)　국제인 한국孔子学院 사단법인 한중문자교류협회

선택형 (1~30)

	①	②	③	④
1	①	②	③	④
2	①	②	③	④
3	①	②	③	④
4	①	②	③	④
5	①	②	③	④
6	①	②	③	④
7	①	②	③	④
8	①	②	③	④
9	①	②	③	④
10	①	②	③	④
11	①	②	③	④
12	①	②	③	④
13	①	②	③	④
14	①	②	③	④
15	①	②	③	④
16	①	②	③	④
17	①	②	③	④
18	①	②	③	④
19	①	②	③	④
20	①	②	③	④
21	①	②	③	④
22	①	②	③	④
23	①	②	③	④
24	①	②	③	④
25	①	②	③	④
26	①	②	③	④
27	①	②	③	④
28	①	②	③	④
29	①	②	③	④
30	①	②	③	④

단답형 (31~50)

31		○	41	○
32		○	42	○
33		○	43	○
34		○	44	○
35		○	45	○
36		○	46	○
37		○	47	○
38		○	48	○
39		○	49	○
40		○	50	○

▶ 51번부터는 뒷면에 답안을 작성합니다.

단답형 (51~100)

51		O	61		O	71		O	81		O	91		O
52		O	62		O	72		O	82		O	92		O
53		O	63		O	73		O	83		O	93		O
54		O	64		O	74		O	84		O	94		O
55		O	65		O	75		O	85		O	95		O
56		O	66		O	76		O	86		O	96		O
57		O	67		O	77		O	87		O	97		O
58		O	68		O	78		O	88		O	98		O
59		O	69		O	79		O	89		O	99		O
60		O	70		O	80		O	90		O	100		O

国家汉办 (Hanban) 국제인 한자세용 한위기관 사단법인 한중문자교류협회 다락원